型紙いらずの着物リメイク［ワードローブ］

松下純子（Wrap Around R.）

本書の着物リメイクの特徴

「着なくなってしまった着物を生かしたい、
でも大切な着物なので切り刻んでしまいたくない」
そんなふうに思う方、多いですよね。
そこで生まれたのが、
この“はさみをほとんどいれない”着物リメイクです。

着物は、基本の幅（前身ごろ、後ろ身ごろ、そで）と、
その半分の幅（えり、掛けえり、おくみ）の２種類の幅だけで作られていますが、
この本でも、その２種類の幅のままでリメイクできるデザインにしました。
だからこそ、大切な着物にほとんどはさみを入れないですみます。
そのうえ
●直線裁ちと直線縫いだけで作れる
●型紙いらずで簡単
●すべてフリーサイズ
と、作り方のルールは、とてもシンプル。
ですから、お裁縫初心者さんでも失敗することなく簡単に作れます。

たんすにひっそりしまわれている、おばあさまやお母さまからゆずり受けた
大切な着物をリメイクして、毎日のワードローブに加えてみませんか？

着物リメイク・ワードローブができるまで

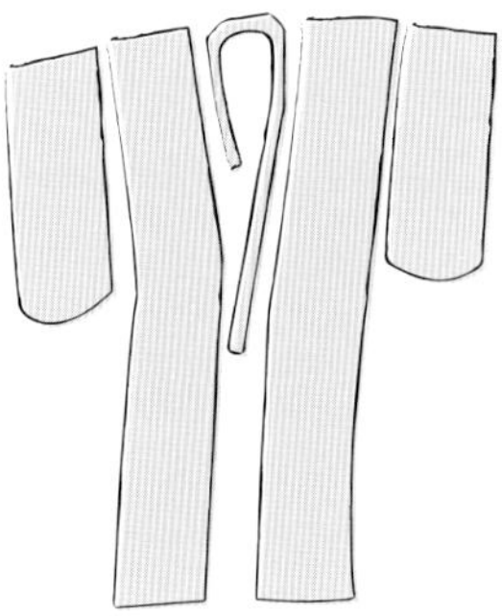

1　下準備

まず、片そでだけほどき、寸法をはかってからぬるま湯と重曹で洗う（詳細は3参照）。陰干しして、中温でアイロンをあてたら（スチームにしない）再び寸法をはかり､洗う前の寸法と洗ったあとの寸法を比較し、縮み具合を確認する。5㎝以上縮んでいたら、残念ながらその着物はリメイクにむきません。3㎝程度の縮みの場合は、もう一度洗って、乾かしてみても、それ以上縮まなければ使えます。

2　着物をほどく

残りのそで、えり、おくみを身ごろからはずし、次に表地と裏地をはずす。最後に残りの部分を解体。古い着物は縫い糸が布になじみ、糸のすべりが悪くなっているので、引っ張らずに糸切りばさみかリッパーでひと目かふた目ずつ糸を切り、布地を傷めないように丁寧にほどく。

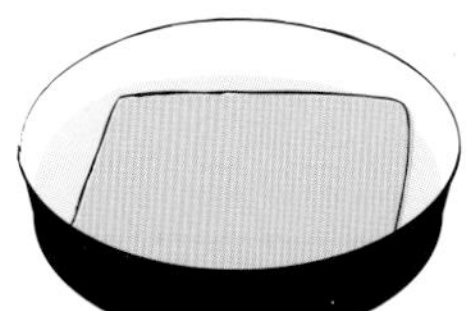

3　重曹で手洗いする

バケツ1杯分のぬるま湯（約30℃）に重曹、液体せっけんを大さじ1ずつ入れてよくかき混ぜる。そこに四角くたたんだ2を入れて10分ほどつけ込む（色落ちがはげしい場合は、すぐにぬるま湯から引き上げて、水と重曹、液体せっけんを混ぜたものに5分程度つけ込む）。よくすすぎ、バケツ半分の水にクエン酸ひとつまみを入れ、3分ほどつけ、最後に、かるくしぼる。

※環境のためには重曹やクエン酸を使うことをおすすめしますが、なければ、おしゃれ着用の中性洗剤で水洗いしてもよい。

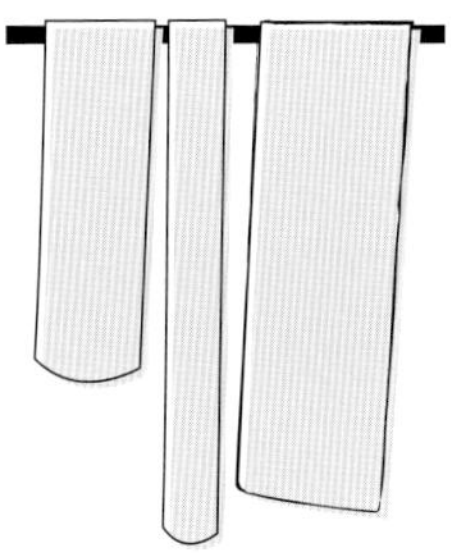

4　陰干しする

ぬれた着物地にかるく中温でアイロンをあてて、しわをのばしてから陰干しする。

5　アイロンをあて、折り目に型をつけていく

乾いたら、再度、着物地にアイロンをあててしっかり伸ばす。図のとおりに裁ち、服の形に折り、さらにアイロンをあてて型をつけ、縫いやすくする。

6　ミシンで縫って完成！

ウールや厚手の正絹、木綿は縫いやすいので初心者向き。綸子などのやわらかい生地は、すべりやすく縫いにくいので、まち針を多めに打つなどするとよい。

和布（わふ）Ｔシャツ五変化

基本のシンプルなＴシャツスタイルのデザインに、
小さなアレンジを加えていくだけで
ブラウスからワンピースまで
5パターンの着物リメイクワードローブができます。

身ごろには着物の幅をそのまま、
そでからもう片方のそでにかけてはその半分の幅のえり・掛けえり・おくみを使い、
つなぎ合わせるだけでできるシンプルなＴシャツ。
その基本スタイルに、丈を長くする、まちをつける、
えりをつけるなどの簡単なアレンジをほどこすだけで、
５種類ものブラウスやワンピースを作ることができます。
また、同じデザインでも、厚手の紬を使うか、やわらかい正絹を使うか、
大きな柄で作るか、小紋にするかなどで、まったく違ったイメージになるのも魅力。
高価な着物を、さらりとカジュアルに着られるようにと考えたシリーズです。

和布 T シャツ

最もシンプルな基本のスタイル。ストンとしたラインとすその スリットで体型もカバー。使用した着物は正絹。

➜ 作り方は P34

和布Tシャツ・ロング

「和布Tシャツ」の丈を長くしたデザイン。
チュニックとしても、ワンピースとしても
楽しめる。好みでさらに丈を長くしても。
使用した着物は正絹。

作り方はP34

和布 T シャツ・ゆったりそで

「和布 T シャツ」の脇に三角のまちをプラスして、腕のまわりをゆったりとさせたデザイン。使用した着物は絽。

作り方は P38

和布Tシャツ・えりつき

「和布Tシャツ」にハイネックのえりをつけたデザイン。張りのある生地を使用したので、えりを立たせたりねかせたりして服の表情を変えられる。使用した着物は紬。

作り方はP36

和布Tシャツ・えりつきロング

「和布Tシャツ・えりつき」をロング丈に。やわらかい生地を使用したので、スナップをつけてくしゅっとしたえりのラインを楽しむ。使用した着物は正絹。

作り方はP36

しぼりローブ

しぼりローブ・ブラウス（左）

同じ生地幅の布だけをはぎ合わせて作った、簡単なデザイン。「和布Tシャツ」と作り方はほぼ同じ。ウエストをゴムとリボンでしぼりフェミニンな雰囲気に。使用した着物は正絹。

→ 作り方は P40

しぼりローブ・チュニック（中）

「しぼりローブ・ブラウス」に布を加え、丈を生地幅1枚分長くしただけ。柄を変え、長さを変えるだけでまったく違ったイメージに。使用した着物は正絹。

→ 作り方は P40

しぼりローブ・ワンピース（右）

「しぼりローブ・チュニック」に生地1枚をさらに加え、ロング丈に。柄が映えるロング丈のワンピースには、大柄の着物を使うといい。使用した着物は正絹。

→ 作り方は P40

あわせスカート・ロング

内側と外側をそれぞれ輪にして縫い合わせただけのシンプルなデザイン。内側のスカートにのみウエストのゴムやステッチを入れ、その部分を上のスカートでおおい隠すことによって、洗練された雰囲気に。正絹を使用。

作り方は P42

あわせスカート・ロング

上に重ねた着物地は絽。外側に夏着物の絽や紗（しゃ）など、透ける着物地を合わせる。2種類の生地を楽しめるのもこのデザインならでは。

作り方は P42

あわせスカート・ミディ

「あわせスカート・ロング」の丈を短くしたデザイン。インパクトのある華やかな小紋は、ミディ丈によく合う。外側の着物地は綸子（りんず）。

作り方は P42

和布ベスト・ショート

ストールをふわっとはおったようなライン。脇布にゴムを入れたので、ゆったりと動きやすく、体型を選ばないデザイン。紬を使用。

→ 作り方は P44

和布ベスト・ロング

「和布ベスト」のロングバージョン。こちらは、やわらかな着物地で作り、よりエレガントな雰囲気に。正絹を使用。

→ 作り方は P44

リボンローブ・ワンピース

胸元のリボンをぎゅっとしぼったり、ゆるめたりするだけで、まったく違った印象に。正絹を使用。

作り方は P46

リボンローブ・ジャケット

「リボンローブ・ワンピース」を前ボタンにしたデザイン。ドレスコートとしても活用できます。少しかための正絹を使用。

→ 作り方は P46

はおりジャケット・ショート

着物のはおりを意識したデザイン。ジャケットも直線縫いだけで簡単に作れる。紬を使用。

作り方は P48

はおりジャケット・ショート

同じデザインでも、無地と柄入りのものではまったく違うイメージに。パンツにもスカートにも合うウエスト丈。正絹を使用。

作り方は P48

はおりジャケット・ミディ

「はおりジャケット」の丈長バージョン。
生地の大胆な柄を生かしたいときには、
ロング丈に。銘仙を使用。

→ 作り方は P48

はかまパンツ

はかまパンツ

はかまを意識したワイドなパンツ。ウエスト全部をゴムにしてしまうと部屋着のようになってしまうので、前はタックをとり、後ろには、サイズ調節が可能なようにボタンホールつきのゴムを通した。ウールを使用。

→ 作り方は P50

はかまパンツ

やわらかい生地を使い、同じデザインでも左のパンツに比べて女性らしい印象に。ヒールと合わせて、ドレスパンツとして着ることもできる。正絹を使用。

→ 作り方は P50

ふわりローブ

胸元にギャザーを寄せ、そでには
ゴムを入れてパフスリーブにしたか
わいらしいワンピース。綸子を使用。

作り方は P52

ふわりローブ・切り返し

「ふわりローブ」と基本のデザインは同じ。胸元とすそ周りに別布を使い、より華やかな雰囲気に。正絹を使用。

作り方は P52

ふわりローブ・コート

「ふわりローブ」を前ボタンにしたデザイン。生地も厚手のものを使って。ウールを使用。

作り方は P54

かさねローブ

かさねローブ・ミディ

浴衣地で作る、この本の中でも特に簡単に作れるワンピース。自分のサイズに前を合わせ、折りたたんで着るという、ちょっと変わったデザイン。

→ 作り方は P56

かさねローブ・ロング

「かさねローブ・ミディ」の丈を長くしたワンピース。大きな柄はロング丈に使用したほうがバランスがよい。胸元の合わせは着物を意識して。

作り方は P56

かさねパンツ

浴衣地で作るパンツ。「かさねローブ」（P24）のように、自分のサイズに合わせて前を折りたたむスタイル。ウエストをしめつけず、風通しもよく涼しい。

→ 作り方は P58

かさねパンツ

P26の柄違い。ウエストにまわすひもは伸縮性のあるニット生地を使うと着心地がいい。

→ 作り方は P58

着物リメイク小物

p5からp27までのワードローブを作ったときの余ったはぎれや、
しみや焼けが多く、一部しか使えないけれど思い出深い着物を使って、
バッグやステーショナリー、そしてアクセサリーなどを作ってみませんか？

クラッチバッグ

ゴージャスに見える着物地を選ぶと
フォーマルな印象に。正絹を使用。

作り方はP39

バンブーバッグ

バッグの裏地がちらりと見えるので、
表地との組み合わせを楽しみたい。
浴衣地で作ってもかわいい。

作り方はP60

ななめ掛けバッグ

長さの調節をできるようにしたバック。ファスナーなどは使わず折りたたんでふたをするタイプ。バンブーバックと同様、裏地がちらりと見えるので表地との組み合わせを楽しんで。

作り方は P61

ショッピングバッグ

紙袋のように使いやすくて、でも丈夫でかわいいサブバッグが欲しい、というリクエストから生まれた人気のバッグ。自分の好みのサイズで作っても。1〜2時間程度で作れる。

作り方は P62

文庫カバー

小さなアイテムなので、柄がよく出る部分を使うのがかわいく仕上げるコツ。正絹を使用。

作り方は P63

書類ケース

厚手の接着芯を全面に貼っているので丈夫。書類を安心して持ち運べる。正絹を使用。

作り方は P63

スカーフ（上）

着物の幅と、その半分の幅（えり、掛けえり、おくみ）を縫い合わせるだけでできるスカーフ。同じトーンのものを組み合わせたほうが使いやすい。正絹を使用。

作り方は P55

シュシュ（下）

シンプルなデザインのタイプと、外側にサテンのリボンをはさみこんだタイプの、2 種類のシュシュを紹介。ブルーのシュシュは絽を、赤いシュシュは正絹を使用。

作り方は P43

着物リメイク Q&A

Q 使わないほうがいい着物地はありますか？

A 縮緬（ちりめん）、絞りの着物はむきません。

洗った際の縮みが激しいため、縮緬や絞りは服のお仕立てには向きません。小物などに使うといいでしょう。また、ひざやすそ、えりなどの力のかかる部分の生地は縦横にひっぱって、強度を確かめてから使いましょう。

Q 裁縫が苦手でまっすぐ縫えません！

A マスキングテープを利用しましょう。

写真のように、ミシンの針が落ちるところから、縫い代1cm離れたポイントに、5cm長さのマスキングテープを貼り、そのラインに沿って着物地を置いて縫うと、縫い代1cmでまっすぐ縫うことができます。

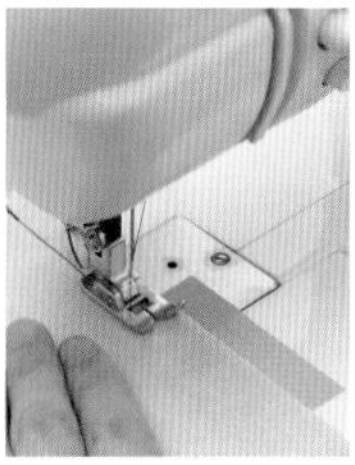

Q どんな道具が必要ですか？

A 特別な道具はほとんどいりません。

ⓐミシン ⓑ針さし ⓒマスキングテープ ⓓ直角定規 ⓔカッティングマット ⓕメジャー ⓖチャコペンシル ⓗ目打ち ⓘリッパー ⓙロータリーカッター ⓚゴム通し ⓛ糸切りばさみ ⓜ手芸ばさみがあれば完璧です。ⓓⓔⓙはなくても作れますが、着物を扱うには、あるととても便利です。

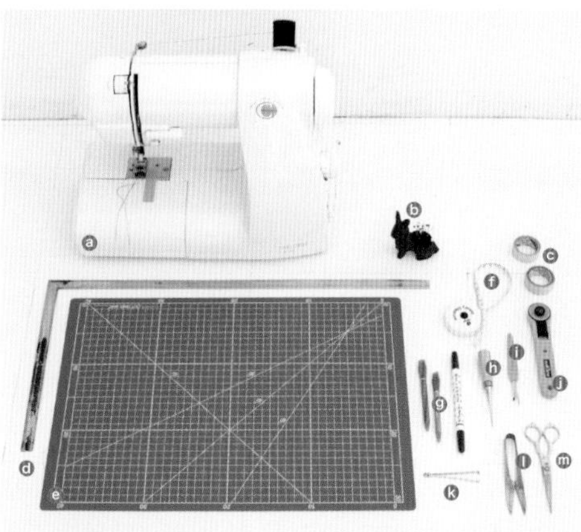

Q しみのある着物をうまく使うには？

A 内側に折り返す部分に使うといいでしょう。

小さなしみや焼けがある着物を使う場合は、汚れが、表から見えない内側や折り返し部分にくるようにしましょう。

Q 裁断したら、どの部分に使うものか分からなくなってしまった！

A マスキングテープで印をつけておくと便利です。

マスキングテープに、「身ごろ」や「ヨーク」など部位の名前を書いて、生地の表に貼っておくといいでしょう。柄の上下もこれで見分けられます。

Q ロータリーカッターで布を上手に裁つコツは？

A 下から上に！

写真のように着物地に定規を直角に置いて、自分から見て下から上に、一気にカッターをすべらせると、きれいに布が裁てます。

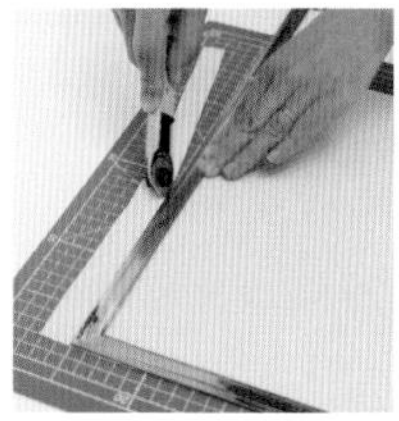

Q 脇やパンツの股の縫い合わせが、ぐしゃぐしゃになってしまいます。

A 縫い代を縫わないようにしましょう。

よくある失敗がこれ。布を直角に縫い合わせるとき、縫い代まで縫ってしまうと布がつれてしわになり、見栄えの悪い仕上がりに。写真のように縫い代の手前で縫いとめ、縫い代を倒してから、また縫い始めましょう。

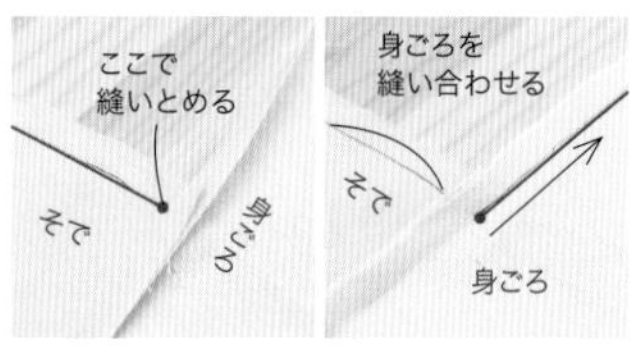

Q 着物を広げて切る場所がありません！

A 二つ折りにして切ればOK。

ワンピースやロングスカートの布を切るときは、写真のように、布を二つ折りにして裁断すれば、半分のスペースでOK。

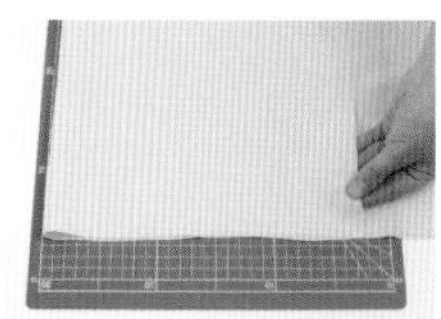

作り始める前に

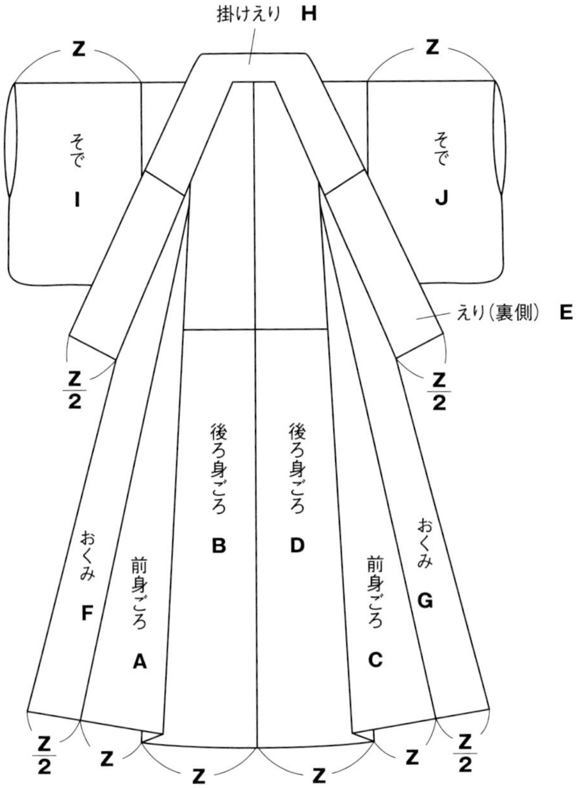

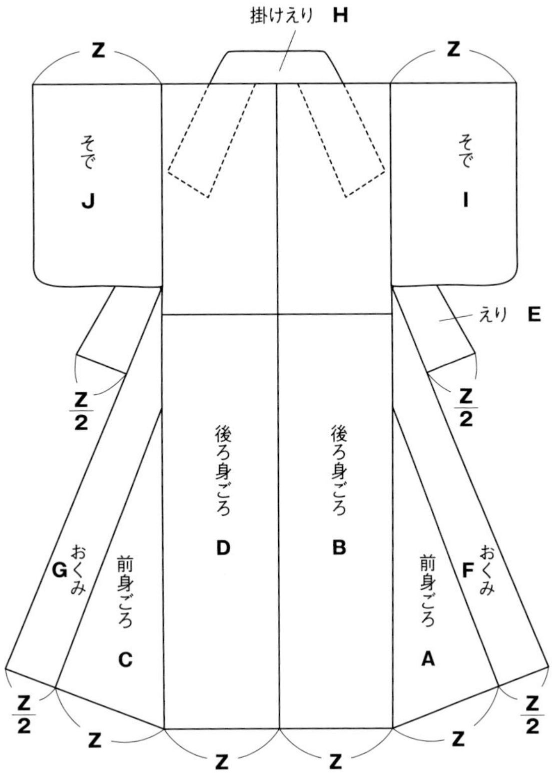

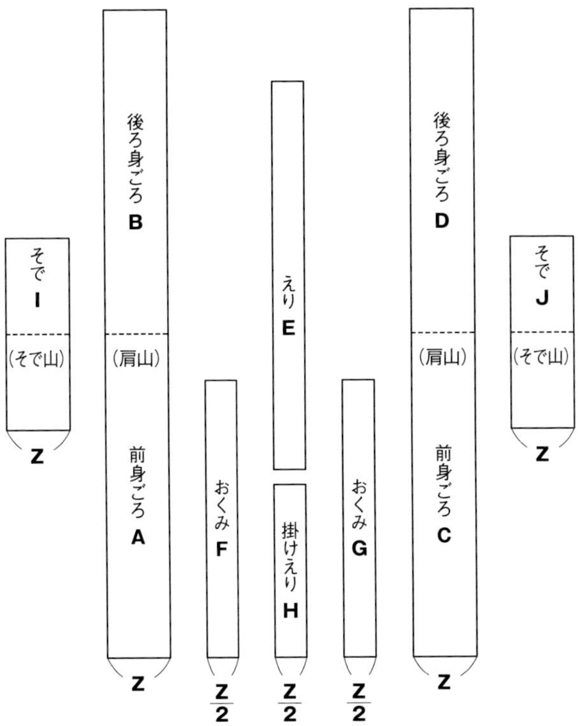

着物の標準サイズ

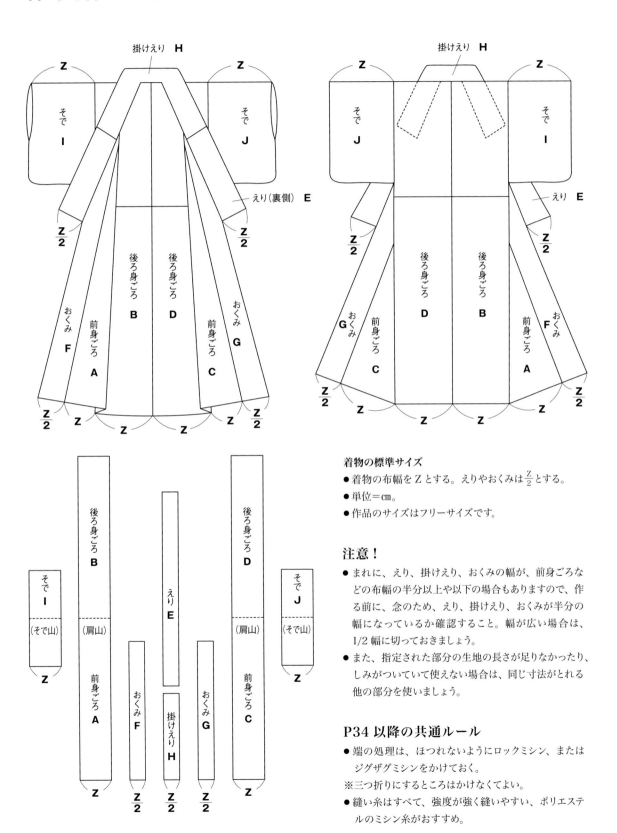

- 着物の布幅をZとする。えりやおくみは$\frac{Z}{2}$とする。
- 単位＝㎝。
- 作品のサイズはフリーサイズです。

注意！

- まれに、えり、掛けえり、おくみの幅が、前身ごろなどの布幅の半分以上や以下の場合もありますので、作る前に、念のため、えり、掛けえり、おくみが半分の幅になっているか確認すること。幅が広い場合は、1/2幅に切っておきましょう。
- また、指定された部分の生地の長さが足りなかったり、しみがついていて使えない場合は、同じ寸法がとれる他の部分を使いましょう。

P34以降の共通ルール

- 端の処理は、ほつれないようにロックミシン、またはジグザグミシンをかけておく。

※三つ折りにするところはかけなくてよい。

- 縫い糸はすべて、強度が強く縫いやすい、ポリエステルのミシン糸がおすすめ。

和布Tシャツ

Photo P05, 06

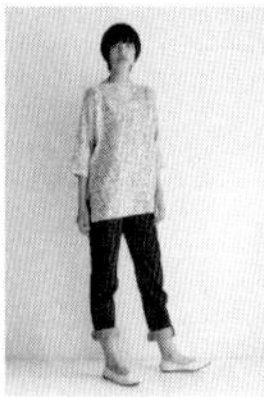

(あ)

(い)

材料
着物……1枚

作り方
※端の処理はP33参照
1 肩を縫う
2 えりぐり、そで口を縫う
3 そで下を縫う
4 前後身ごろを縫い、すそ、脇を縫う
5 ヨークに身ごろをつける

●製図 単位=cm Z=着物の布幅
A〜Gは着物の使用部分(P33参照)

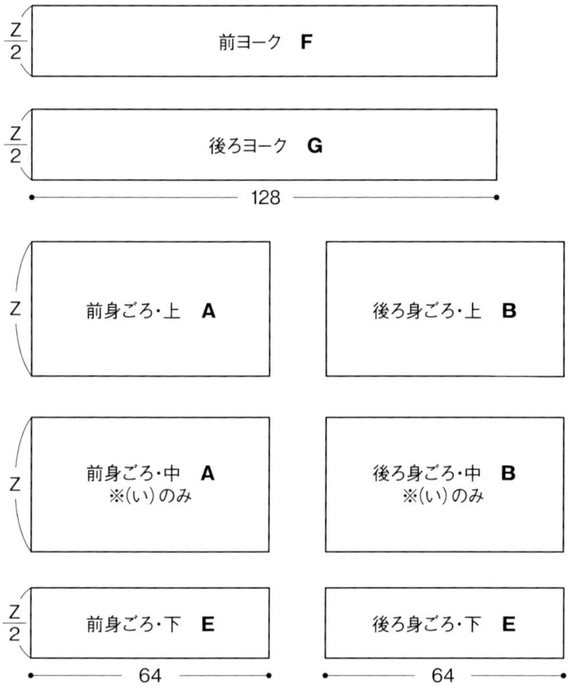

●出来あがり図(あ)

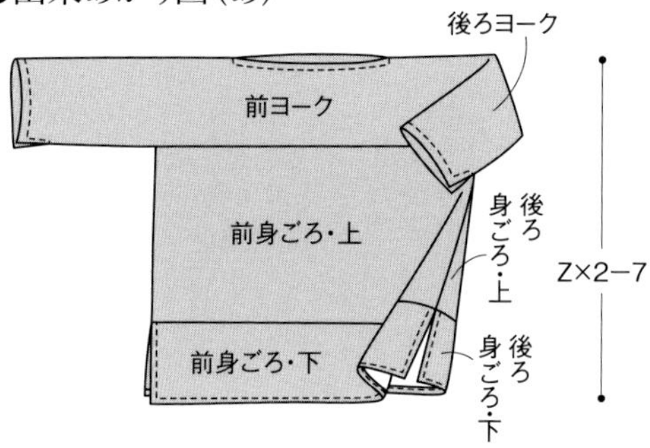

●出来あがり図(い)

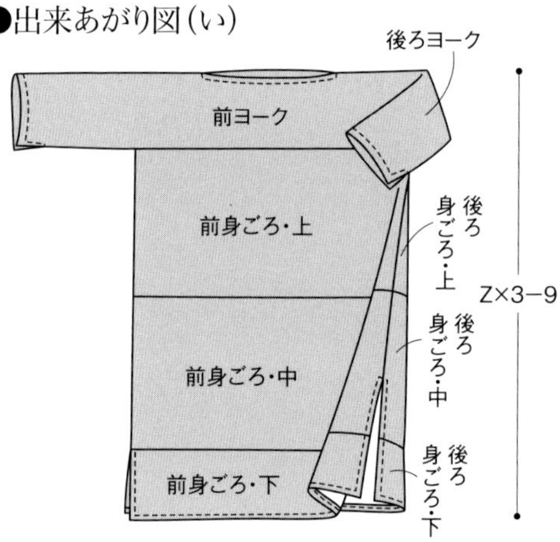

1.肩を縫う

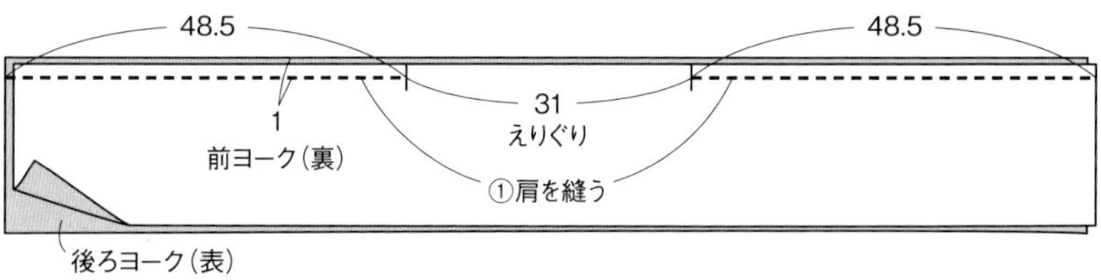

2.えりぐり、そで口を縫う

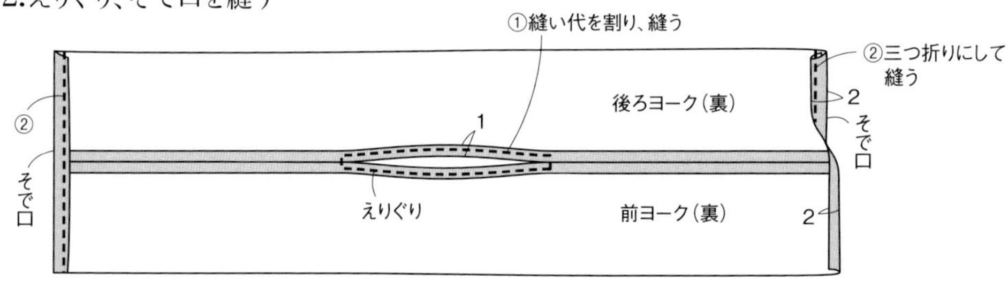

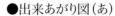

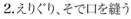

3.そで下を縫う

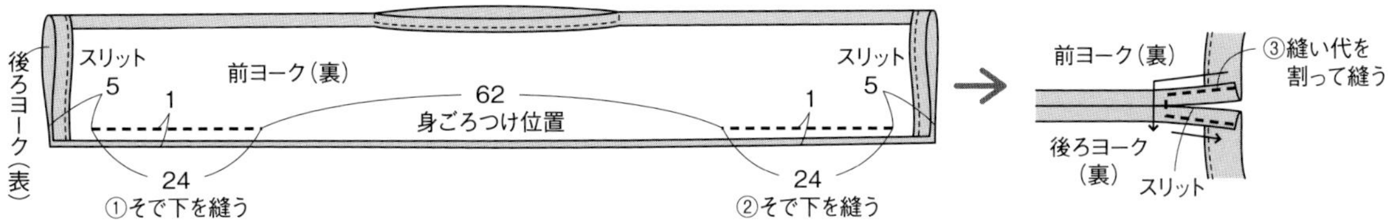

4.前後身ごろを縫い、すそ、脇を縫う

（あ）　（い）

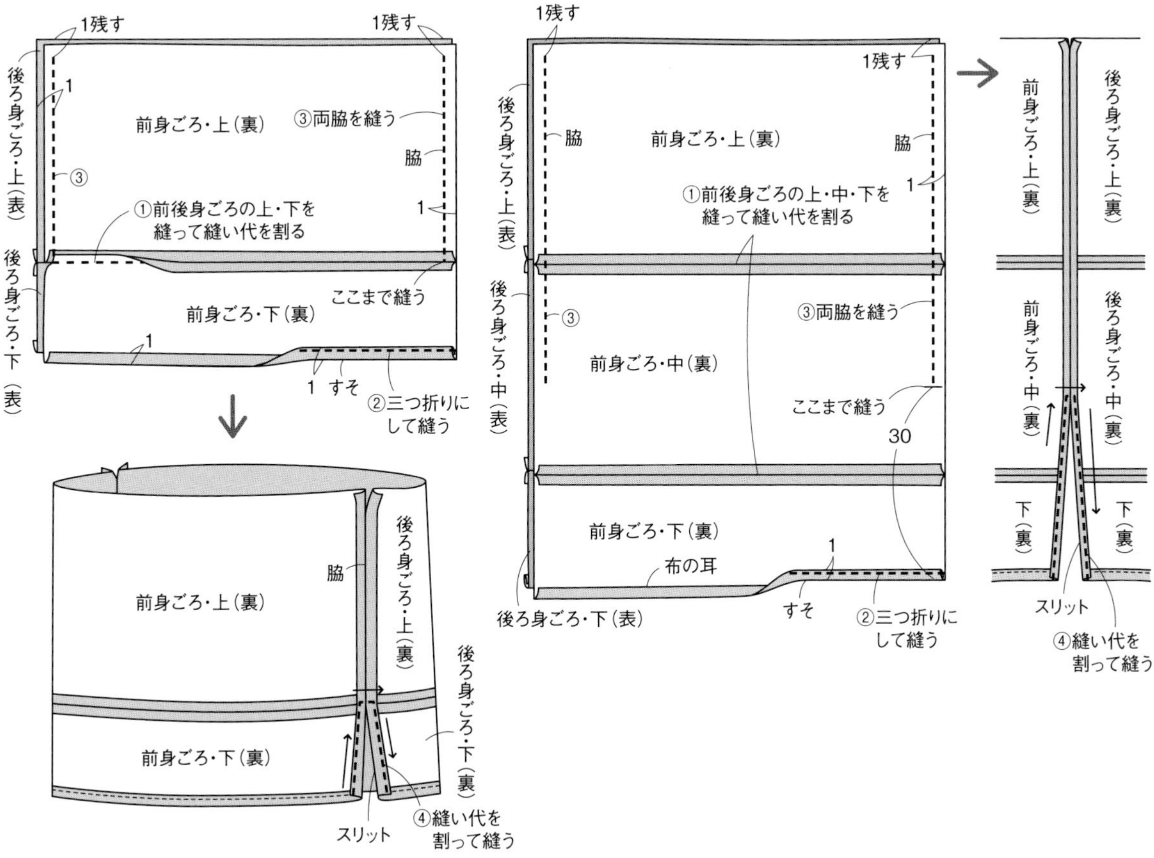

5.ヨークに身ごろをつける

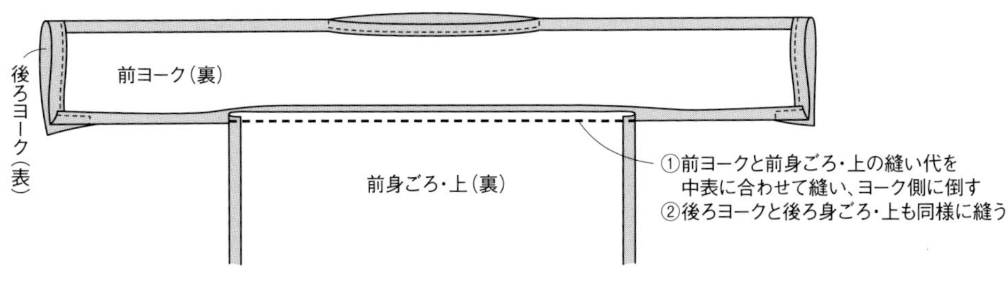

和布Tシャツ・えりつき

Photo P08, 09

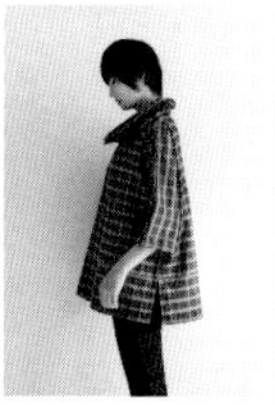
(あ)

(い)

材料

着物……1枚

直径0.6㎝のスナップボタン
……2組【(い)のみ】

作り方

※端の処理はP33参照

1 肩を縫う
2 そで口を縫う
3 えりを作り、つける
4 そで下を縫う(P35の3参照)
5 前後身ごろを縫い、すそ、脇を縫う(P35の4参照)
6 ヨークを身ごろにつける(P35の5参照)

●製図

単位=㎝　Z=着物の布幅
A〜Hは着物の使用部分(P33参照)

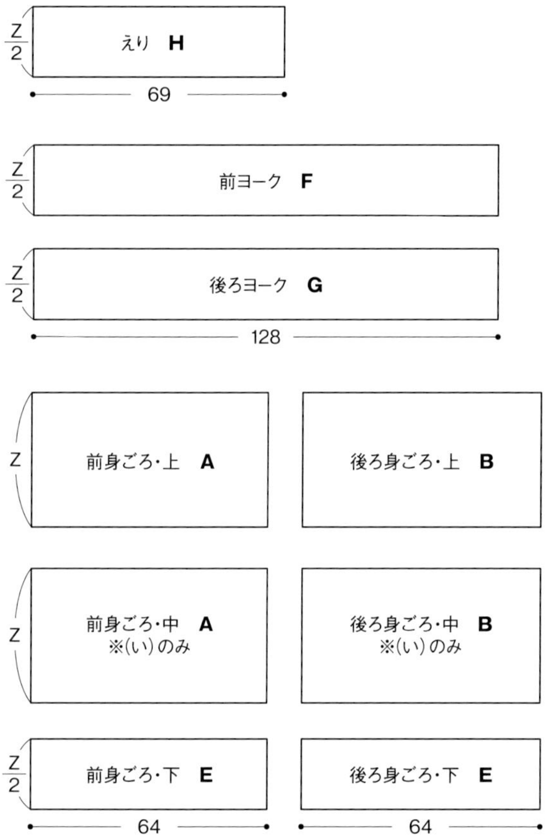

●出来あがり図(あ)

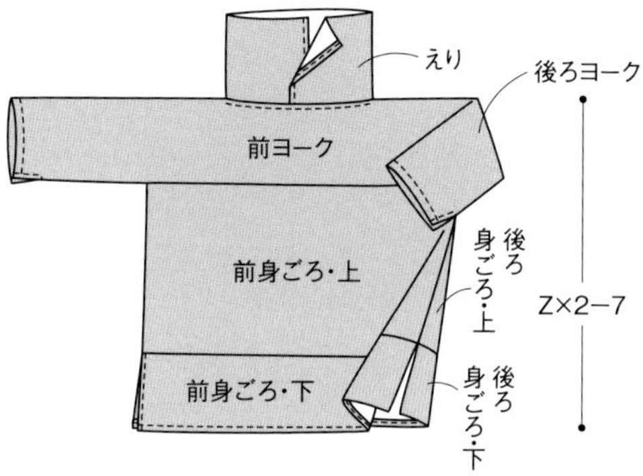

●出来あがり図(い)

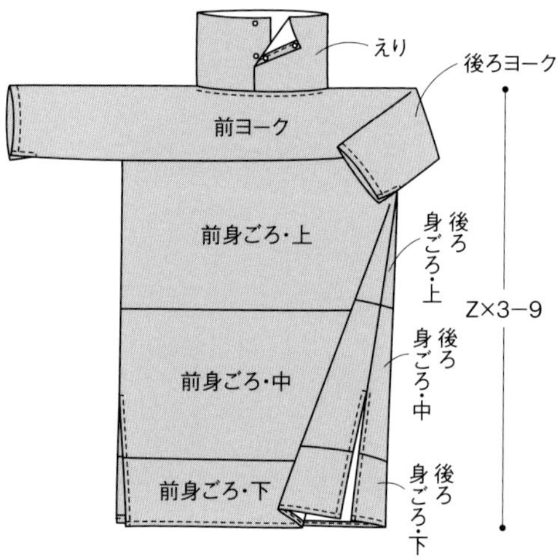

1.肩を縫う

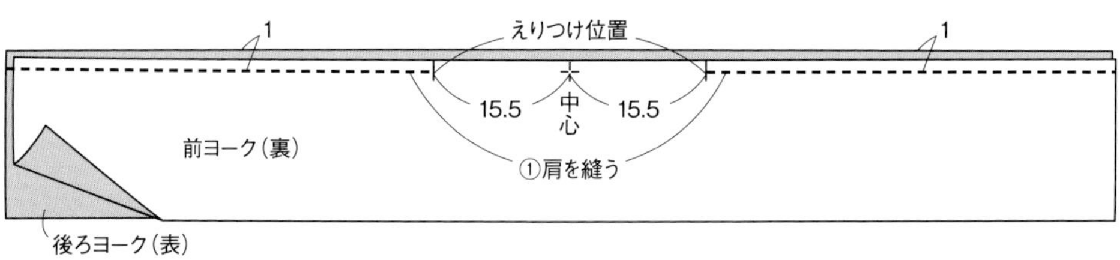

2.そで口を縫う

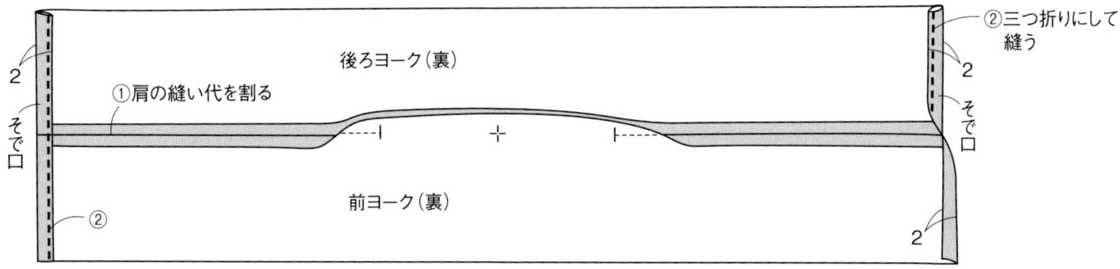

3.えりを作り、つける

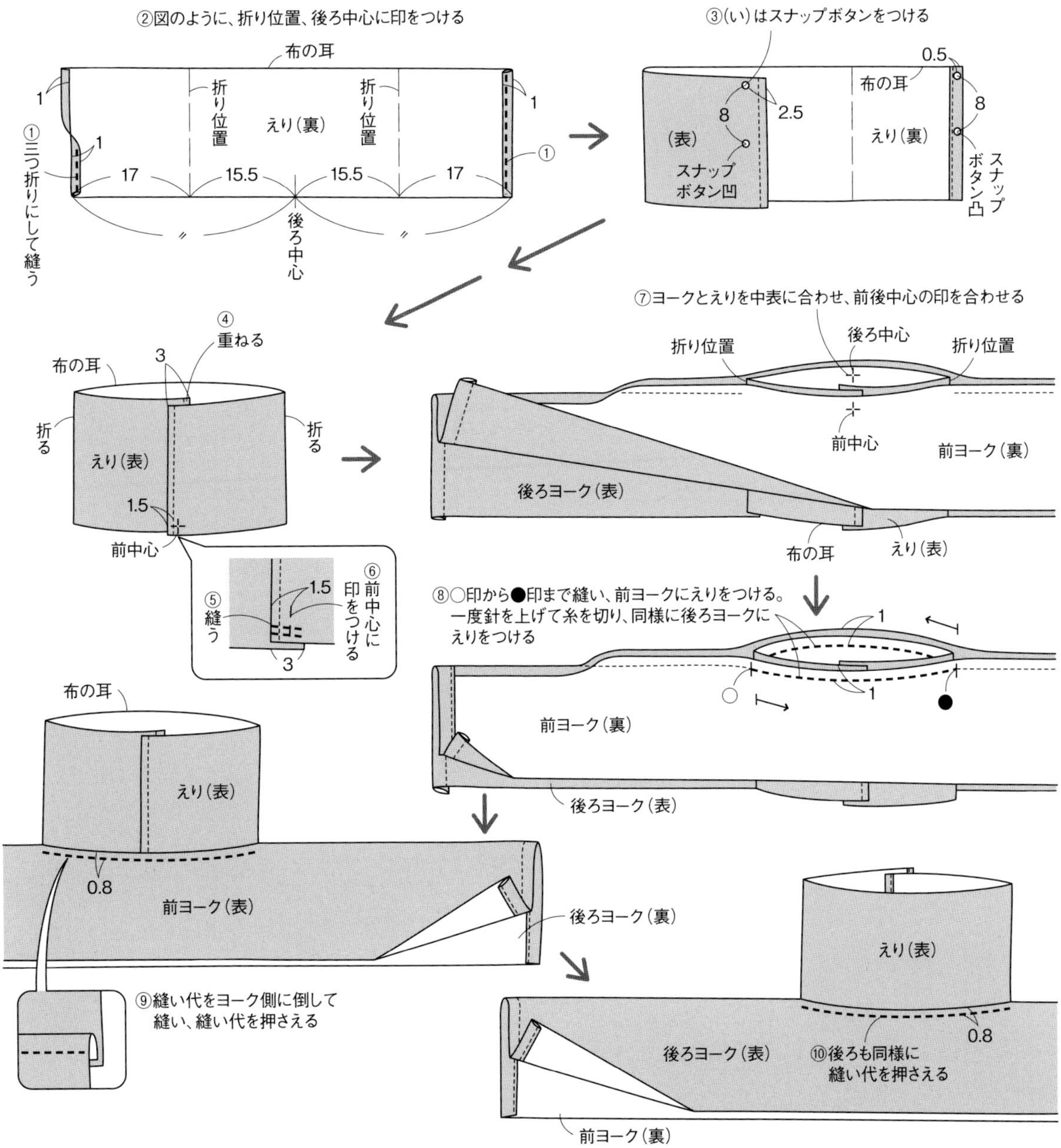

和布Ｔシャツ・ゆったり

材料
着物……1枚

作り方
※端の処理はP33参照
1 前身ごろ、後ろ身ごろを作り、まちをつける
2 前身ごろ、後ろ身ごろのそれぞれにヨークをつける
3 肩を縫う（**P34の1参照**）
4 えりぐり、そで口を縫う（**P34の2参照**）
5 脇とまち下を縫う

●製図

単位=cm　Z=着物の布幅
A～Gは着物の使用部分（P33参照）

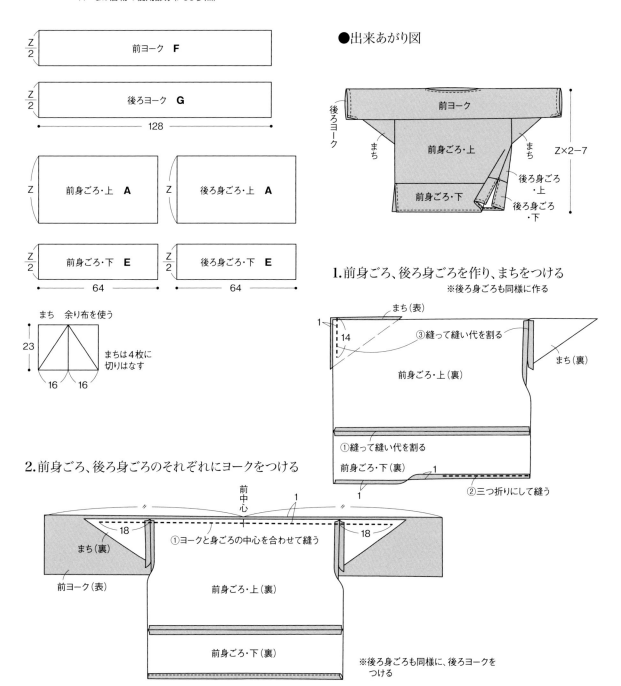

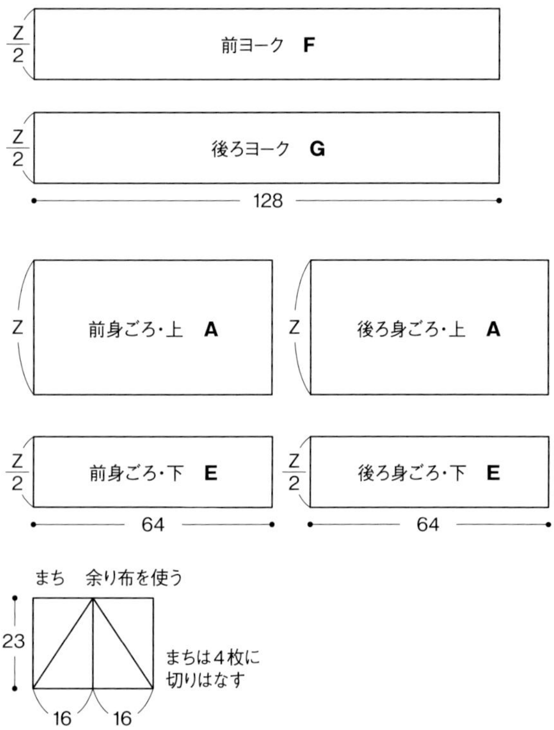

●出来あがり図

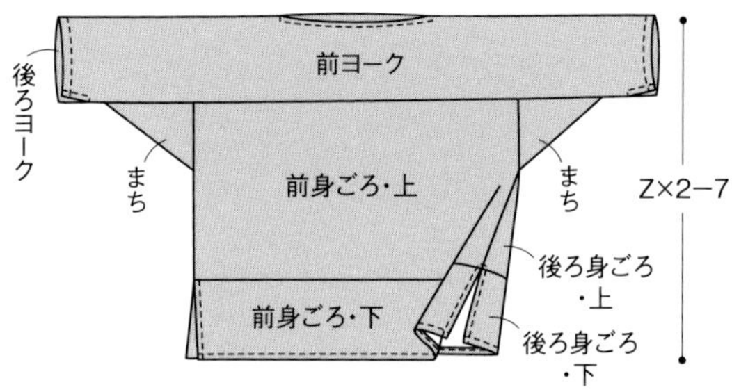

1.前身ごろ、後ろ身ごろを作り、まちをつける

※後ろ身ごろも同様に作る

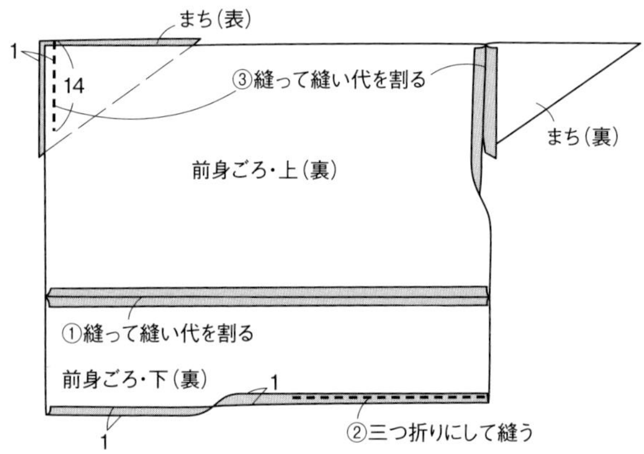

2.前身ごろ、後ろ身ごろのそれぞれにヨークをつける

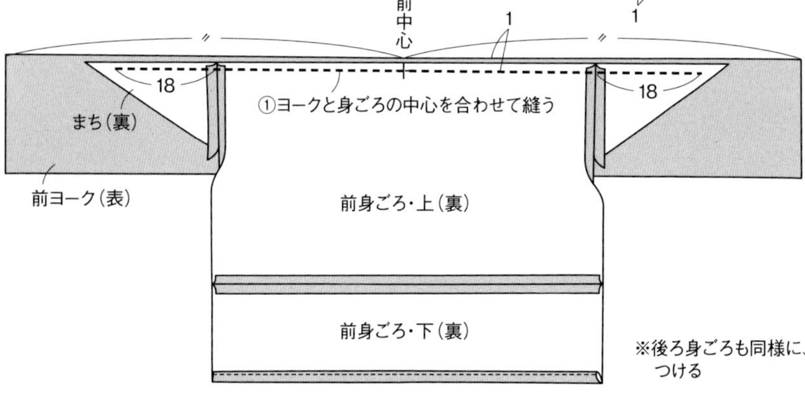

※後ろ身ごろも同様に、後ろヨークを
つける

5.脇とまち下を縫う

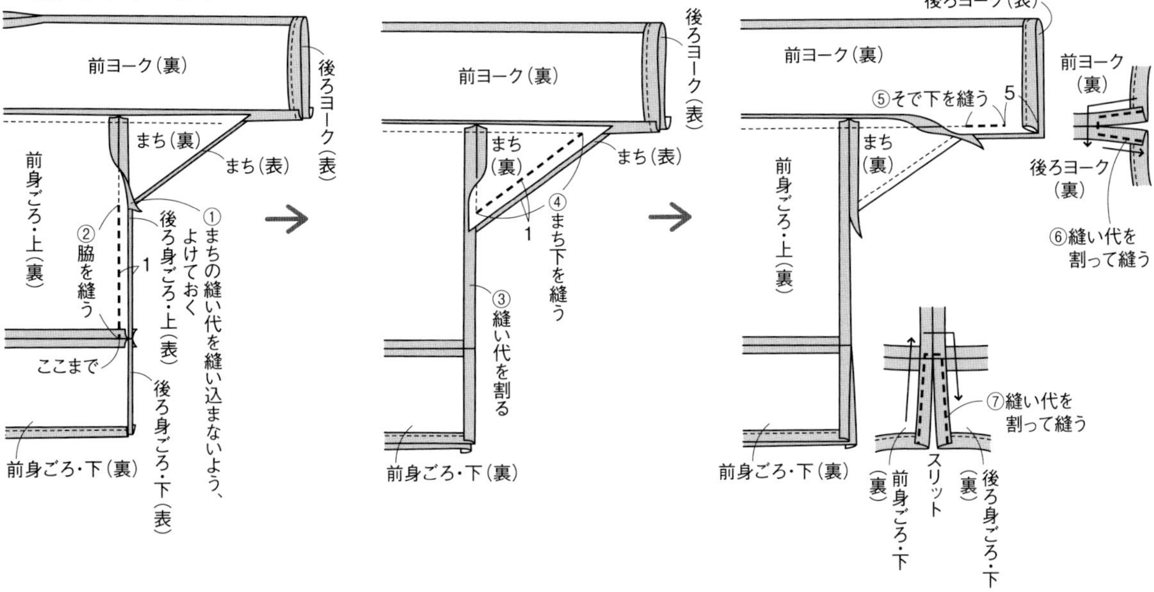

クラッチバッグ

Photo P28

材料
着物の余り布
厚手の接着芯
裏地
口金……16.6 cm

作り方
1 表袋、中袋それぞれ両脇を縫う
2 表袋、中袋にタックの印をつける
3 タックをたたんで縫いとめる
4 表袋と中袋を重ねて縫い、口金をつける

●製図　単位＝cm　Z＝着物の布幅

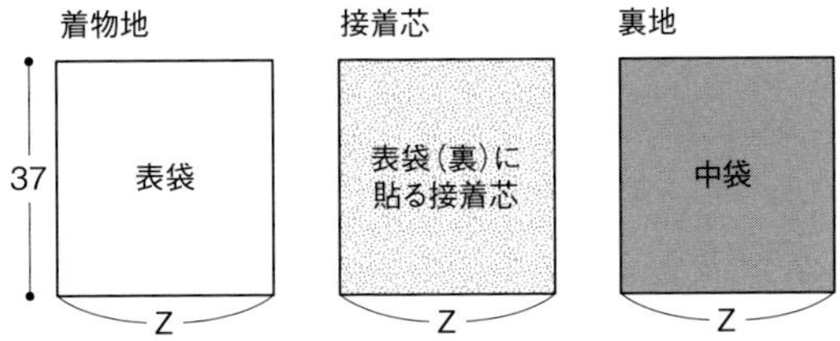

●出来あがり図

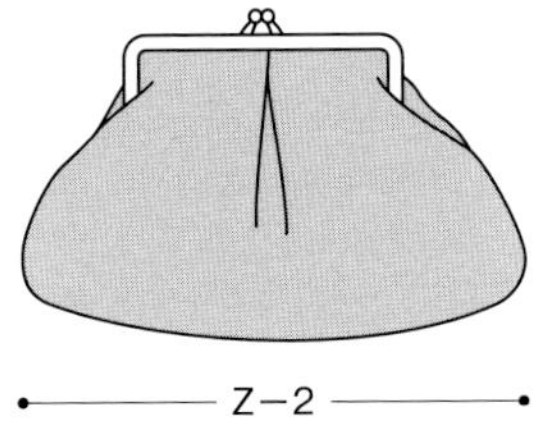

1.表袋、中袋それぞれ両脇を縫う

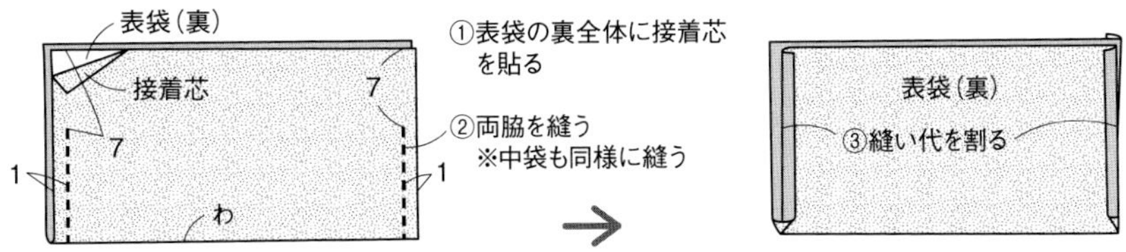

2.表袋、中袋にタックの印をつける

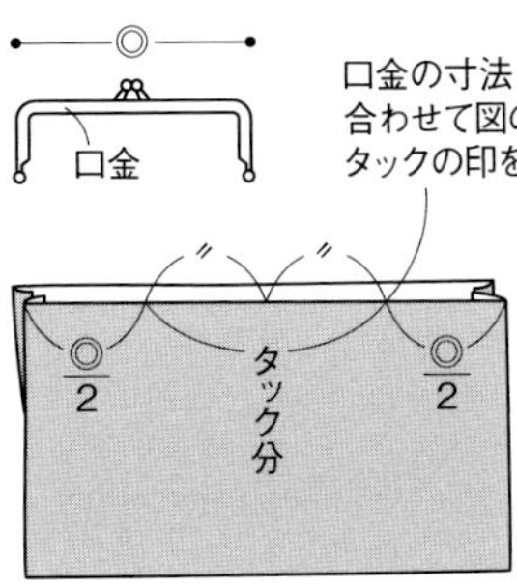

3.タックをたたんで縫いとめる

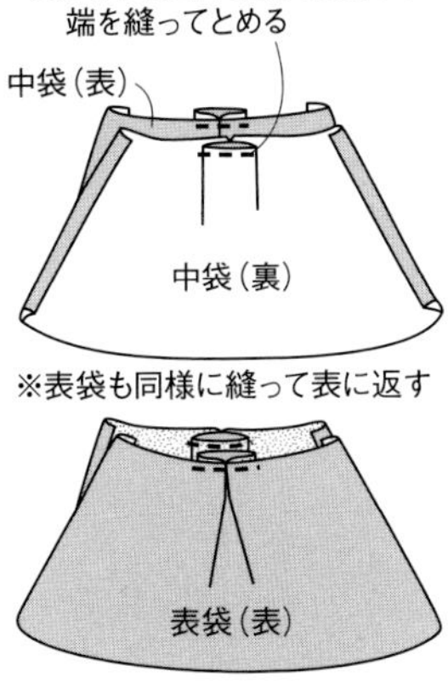

4.表袋と中袋を重ねて縫い、口金をつける

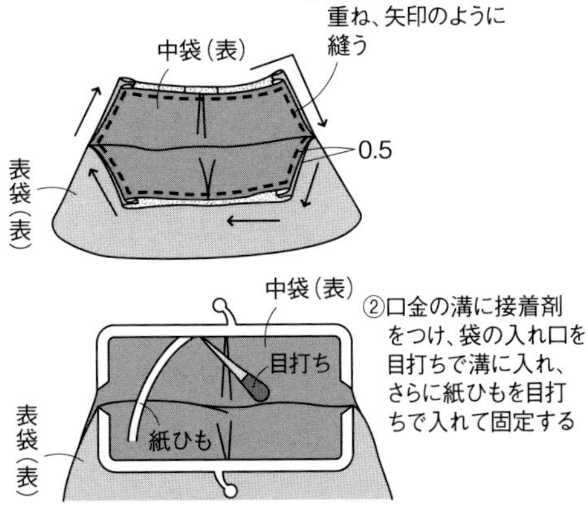

しぼりローブ

Photo P10, 11

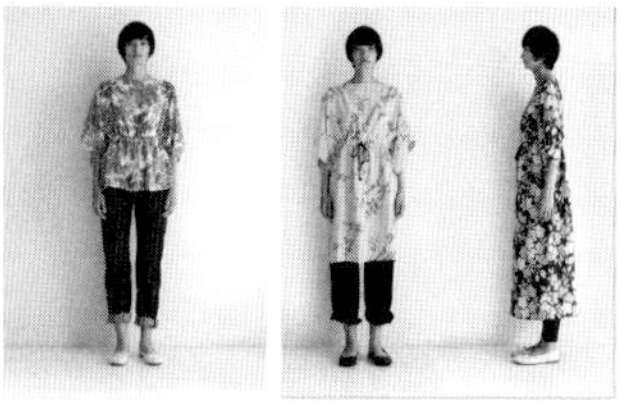

（あ）　（い）　（う）

材料

着物……1枚

裏布……90cm幅1.3m

【（い）（う）に裏布をつける場合のみ】

2cm幅のゴムテープ……82cm×1本

コード……（あ）0.5cm幅1.4m×1本

（い）0.5cm幅1.6m×1本

（う）1cm幅1.8m×1本

作り方

※端の処理はP33参照

1 肩を縫い、えりぐりを縫う

2 そで下を縫い、そで口を縫う

3 すそ布を作り、すそを縫う

4 すそ布・上の上端を三つ折りにして縫う

5 身ごろにすそ布をつける

6 ゴムテープとコードを通す

●製図

単位=cm　Z=着物の布幅

A～Jは着物の使用部分（P33参照）

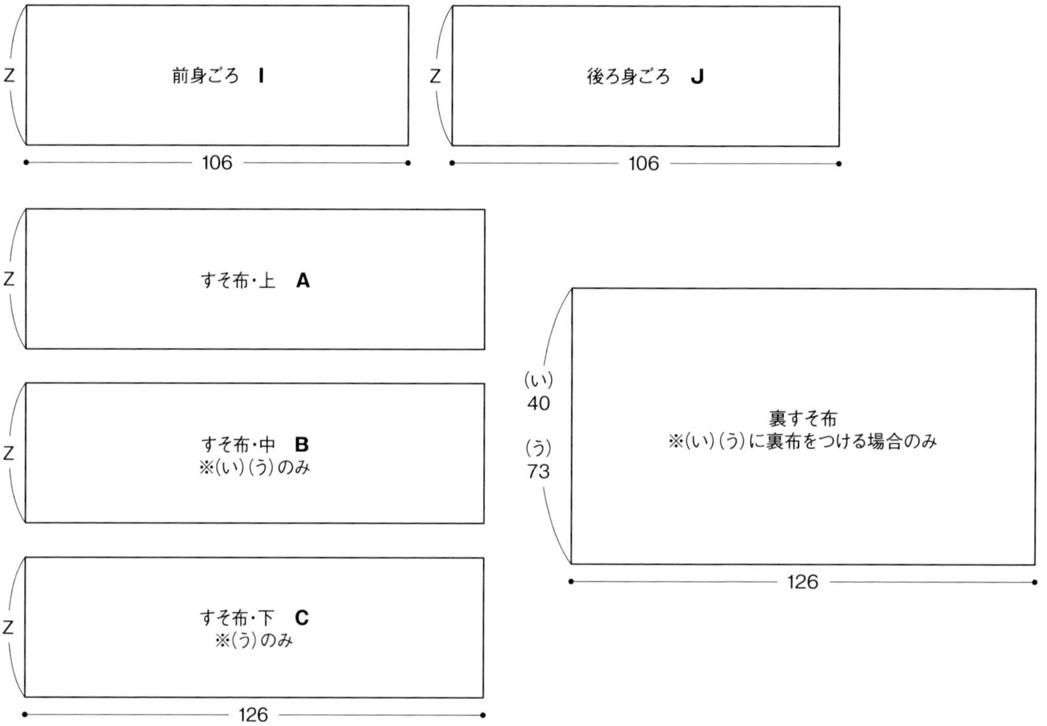

●出来あがり図

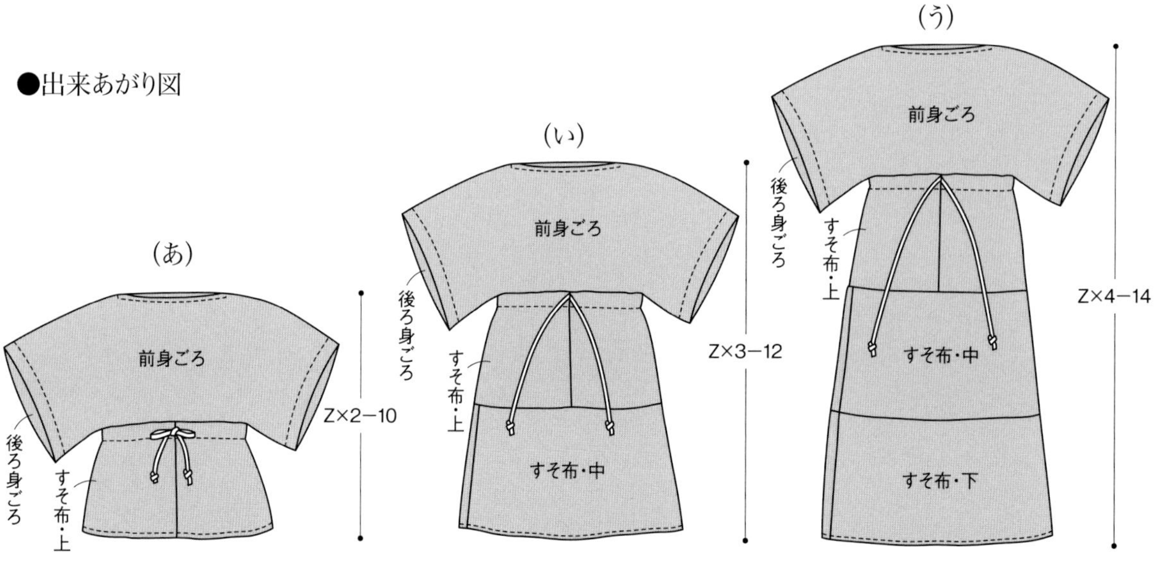

1.肩を縫い、えりぐりを縫う

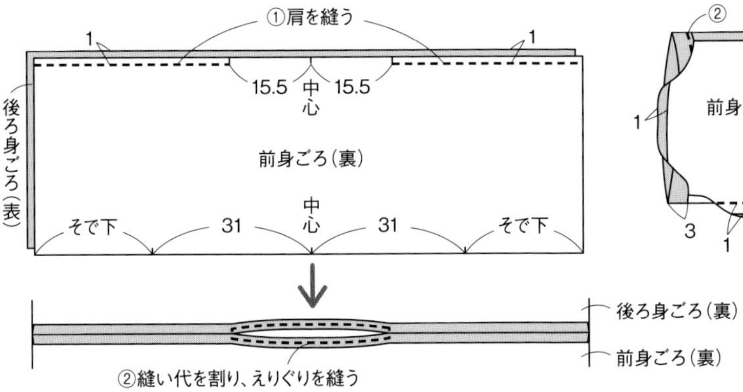

2.そで下を縫い、そで口を縫う

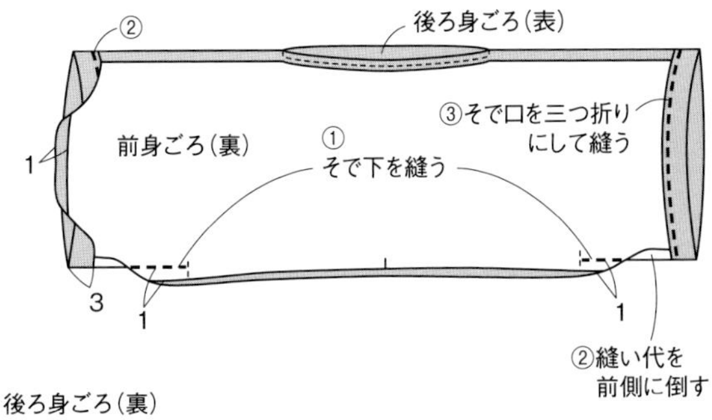

3.すそ布を作り、すそを縫う

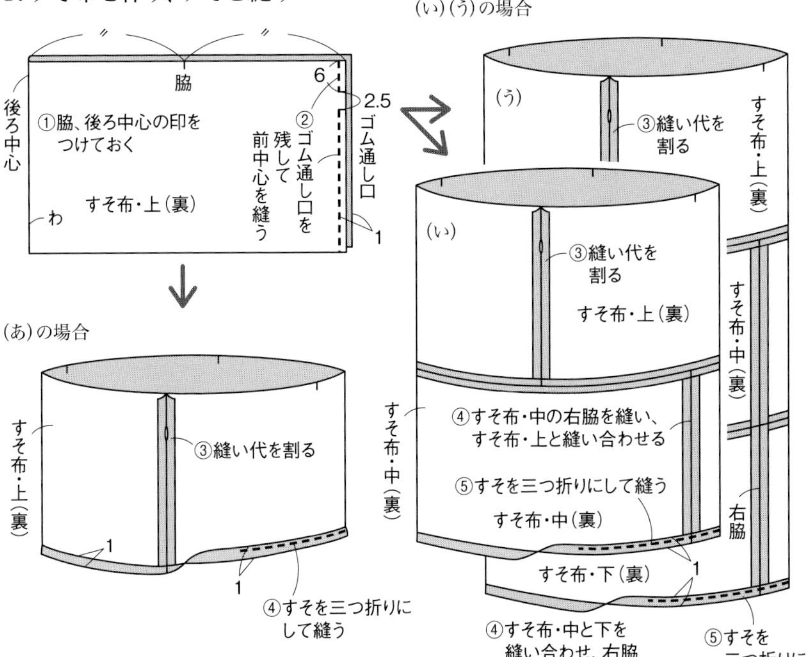

(い)(う)に裏地をつける場合

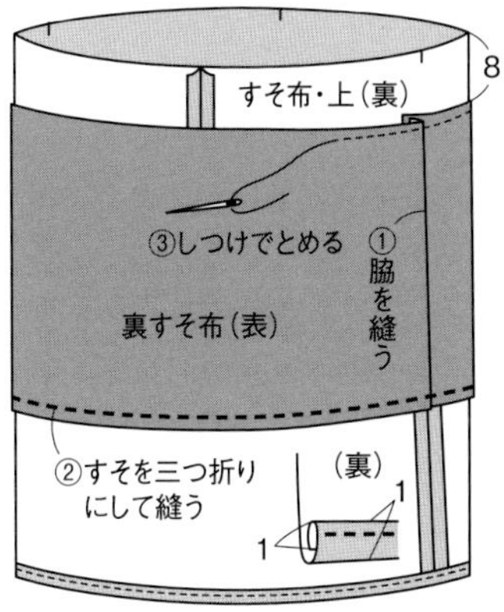

4.すそ布・上の上端を三つ折りにして縫う

(あ)(い)(う)共通

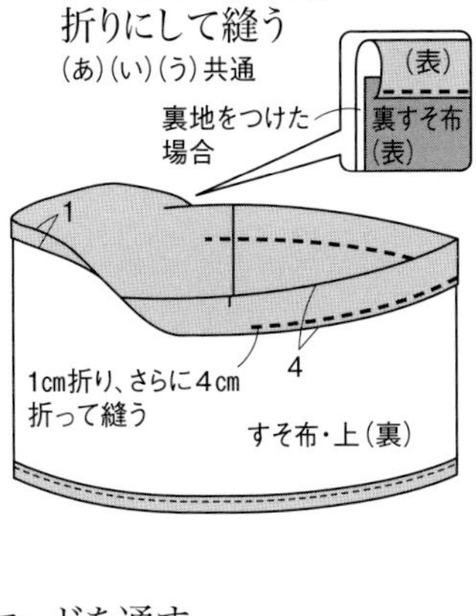

5.身ごろにすそ布をつける

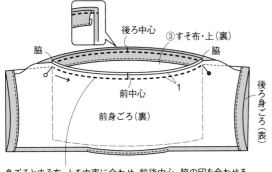

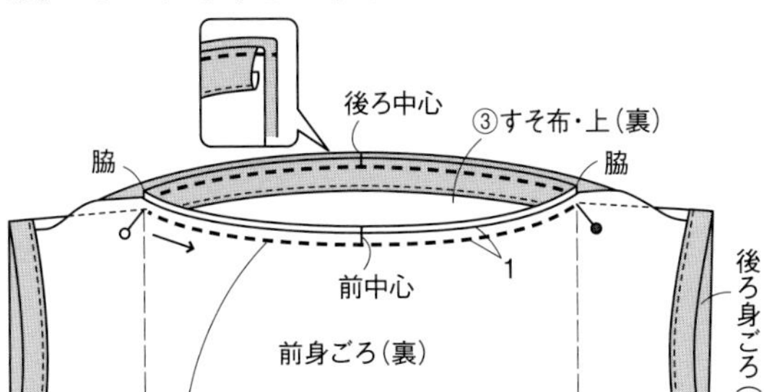

身ごろとすそ布・上を中表に合わせ、前後中心、脇の印を合わせる。
○印から●印まで縫って前身ごろにすそ布・上をつけ、一度糸を切る。
後ろ身ごろも同様に縫う

6.ゴムテープとコードを通す

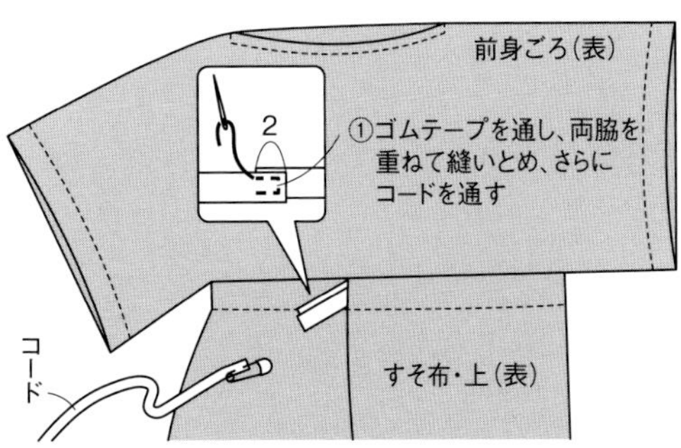

あわせスカート

Photo P12, 13

（あ）　（あ）　（い）

材料

着物……2枚

2.5㎝幅のゴムテープ……66㎝×1本

作り方

※端の処理はP33参照

1 外側、内側スカートをそれぞれ3枚縫い合わせる
2 スリット、すそを縫い、ウエストに折り目をつける
3 外側スカートに内側スカートをつけ、ウエストを縫う
4 ウエストにゴムテープを通す

●製図

単位＝cm　Z＝着物の布幅
A〜Jは着物の使用部分（P33参照）

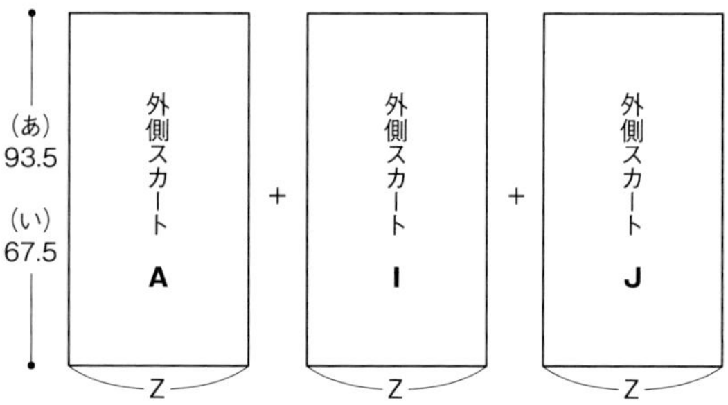

※外側と内側の使用する着物地の布幅が違う場合は布幅の短いほうに合わせて一方をカットする

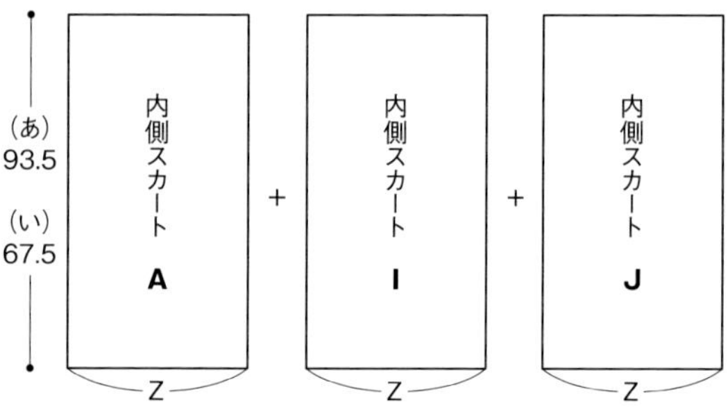

1.外側、内側スカートをそれぞれ3枚縫い合わせる

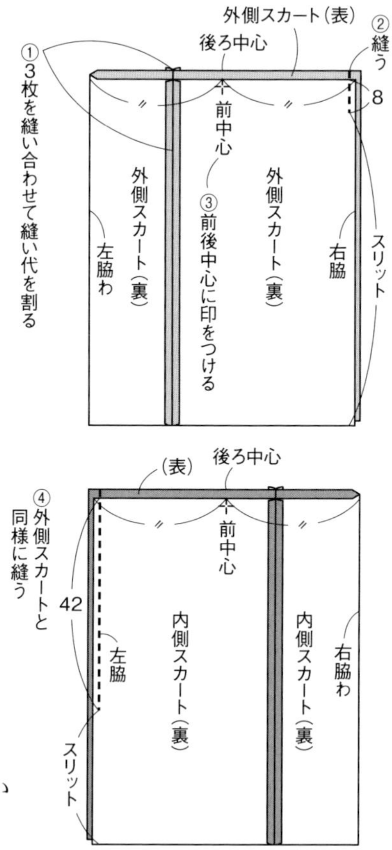

●出来あがり図

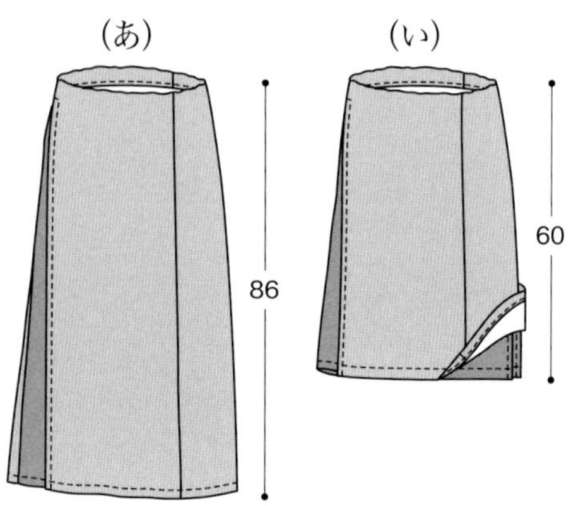

2.スリット、すそを縫いウエストに折り目をつける

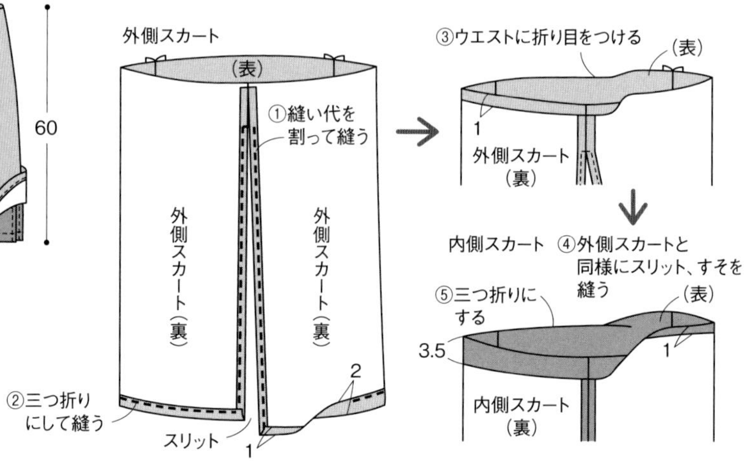

3.外側スカートに内側スカートをつけ、ウエストを縫う

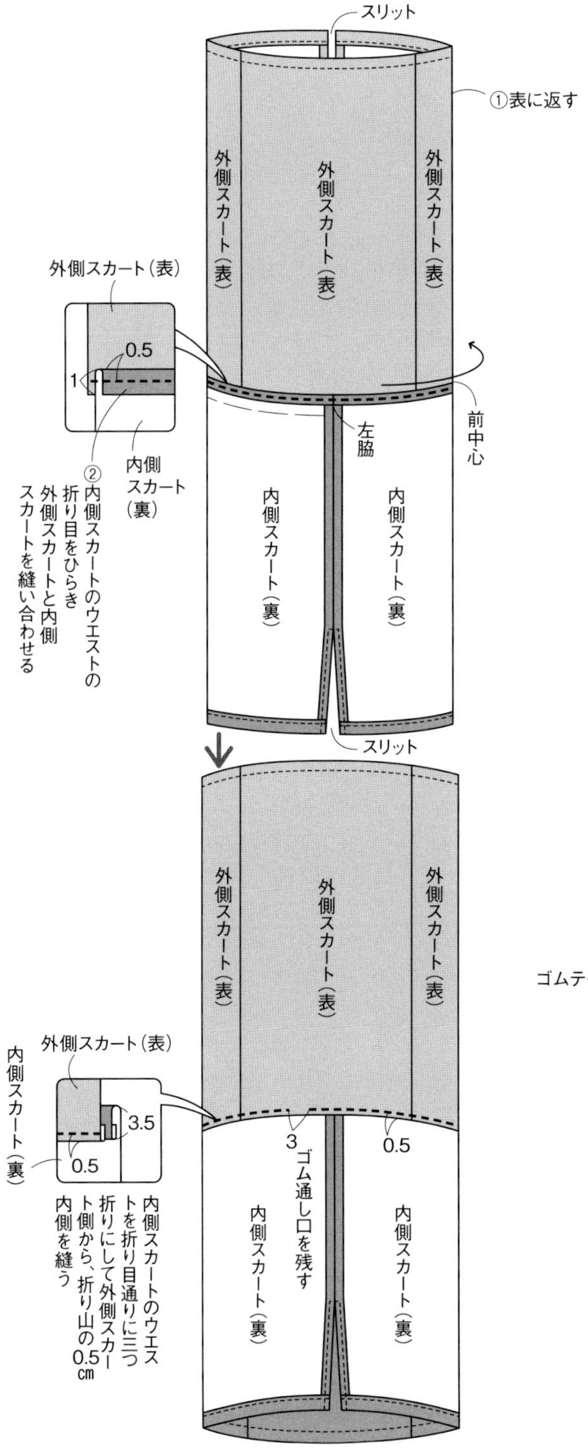

4.ウエストにゴムテープを通す

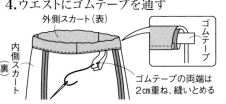

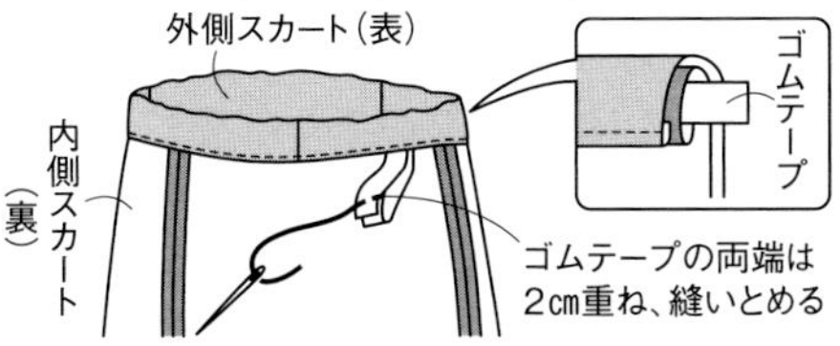

シュシュ

photo P31

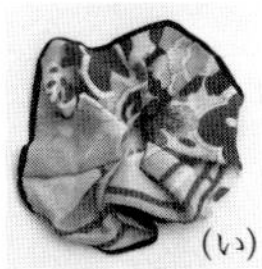

材料

着物の余り布
ゴムテープ……22 cm ×1 本
（い）1.5 cm幅テープ……70 cm ×1 本

作り方

1 テープをつけ（〈い〉のみ）筒状に縫う
2 表に返して両端を縫う
3 縫い残しをまつる

●（あ）（い）製図　単位=cm　Z=着物の布幅

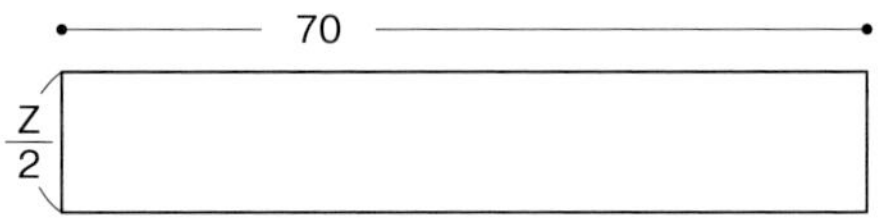

（あ）の作り方
1.筒状に縫う

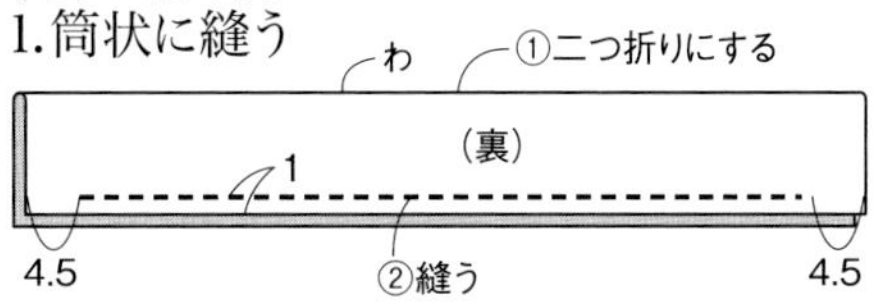

2.表に返して両端を縫う

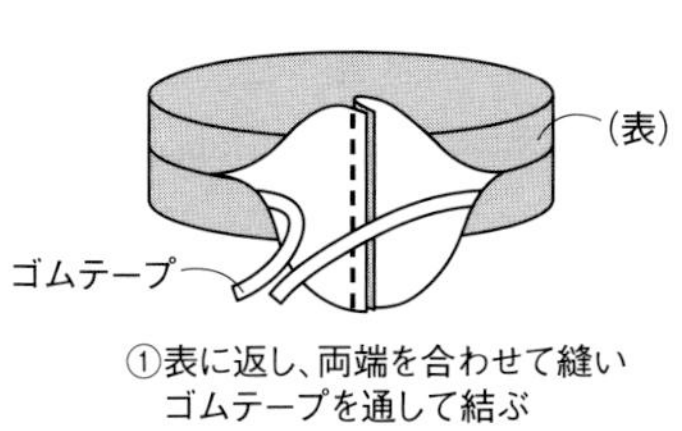

3.縫い残しをまつる

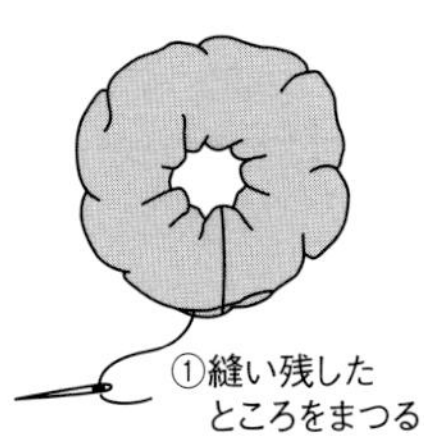

（い）の作り方
1.テープをつけ、筒状に縫う

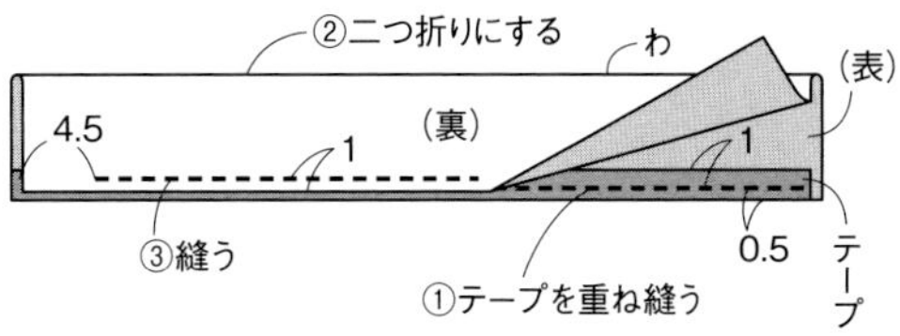

2.表に返して両端を縫う

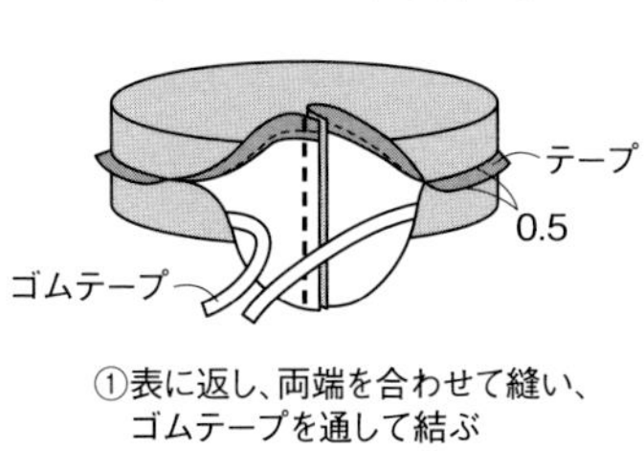

3.縫い残しをまつる

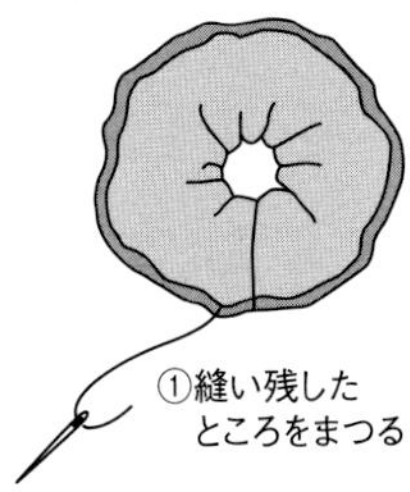

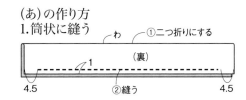

和布ベスト

Photo P14, 15

（あ）

（い）

材料
着物……1枚
1㎝幅のゴムテープ……15㎝×2本

作り方
※端の処理はP33参照
1 ポケットを作り、つける
2 脇布をつける
3 前身ごろに印をつける
4 肩、そでぐりを縫い、後ろ中心を縫う
5 えりをつけ、すそを縫う

●製図

単位=cm　Z=着物の布幅
A～Jは着物の使用部分（P33参照）

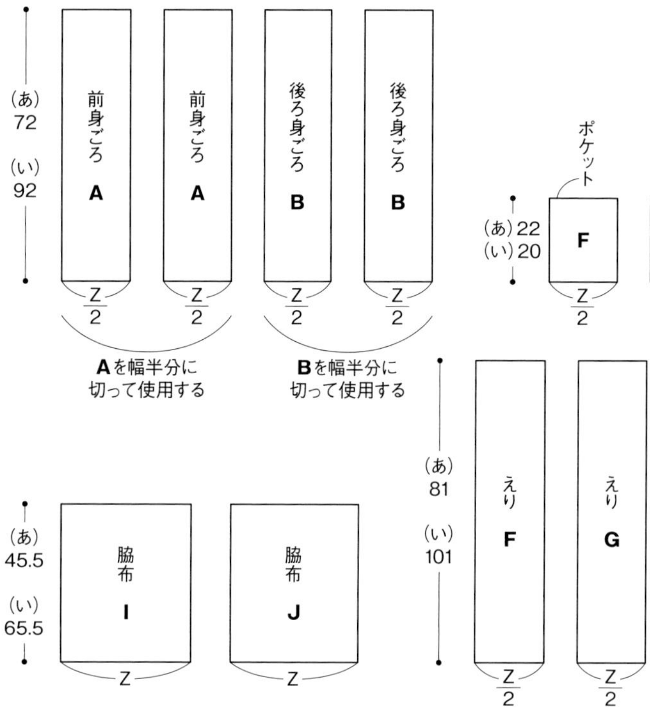

●出来あがり図

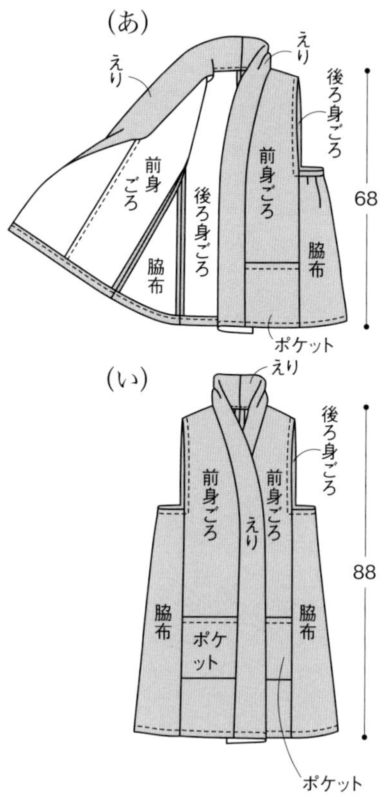

1.ポケットを作り、つける

（あ）の場合

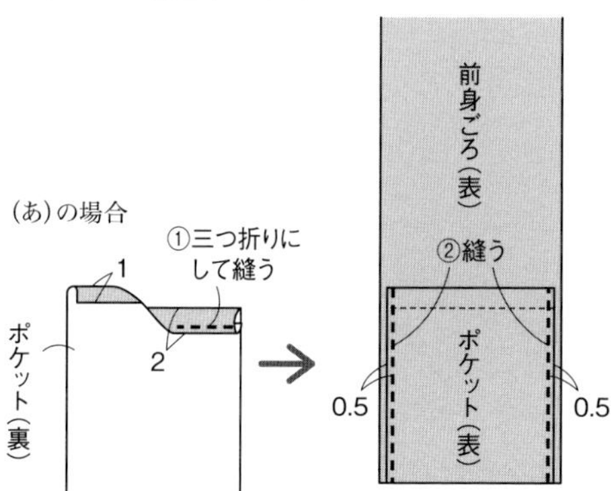

※もう1枚の前身ごろにも同様にポケットをつける

（い）の場合

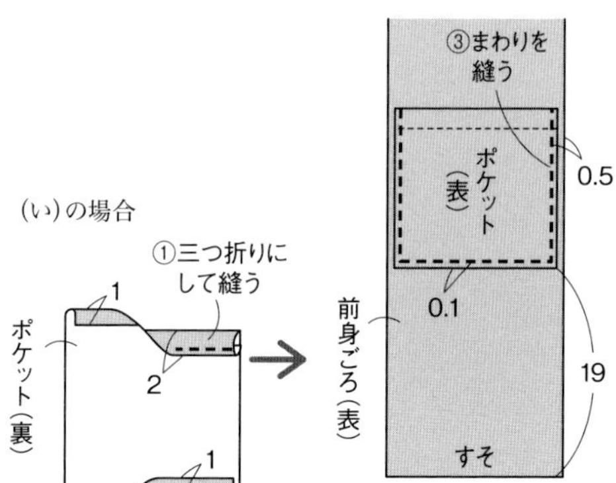

※もう1枚の前身ごろにも同様にポケットをつける

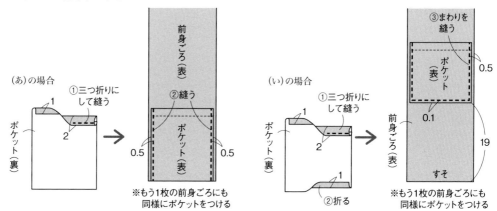

2.脇布をつける

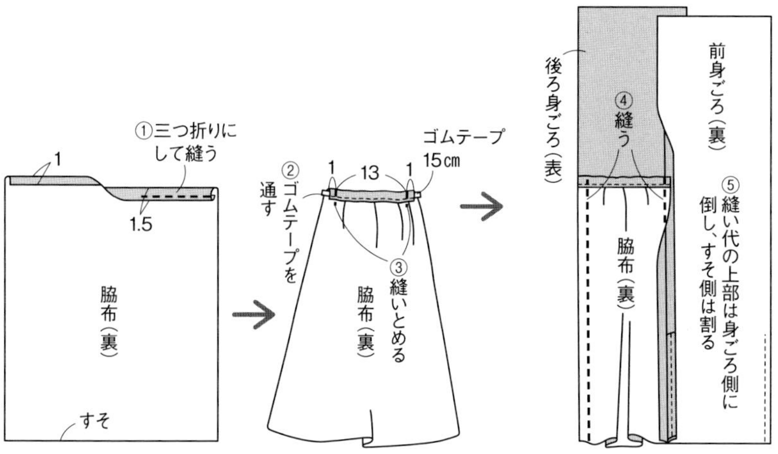

※左右対称にもう1つ作る

3.前身ごろに印をつける

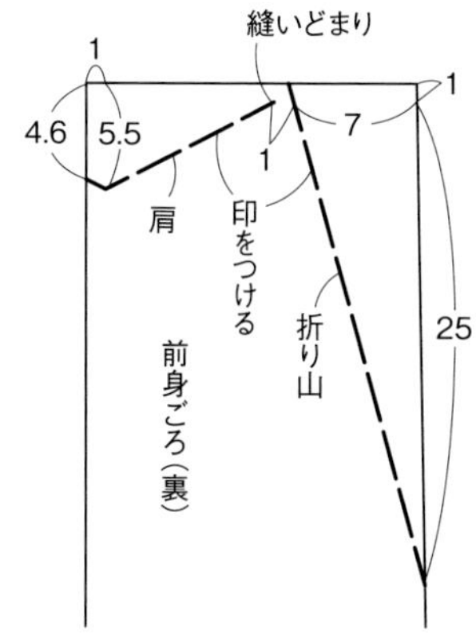

※もう1枚には左右対称に印つけをする

4.肩、そでぐりを縫い、後ろ中心を縫う

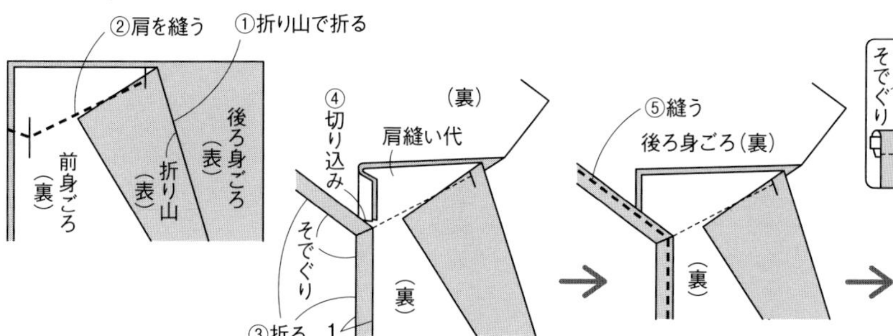

※左右対称にもう1つ作る

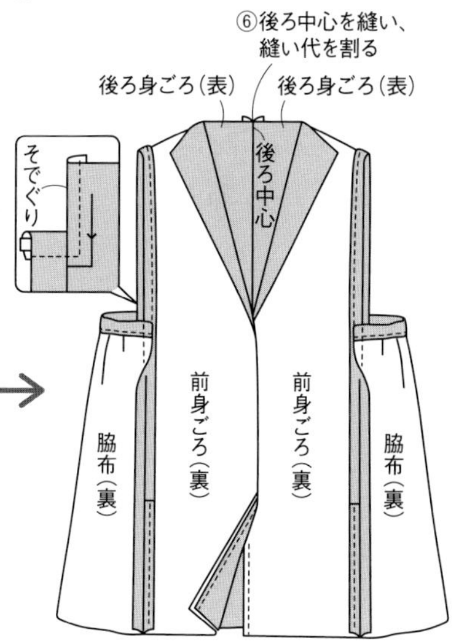

5.えりをつけ、すそを縫う

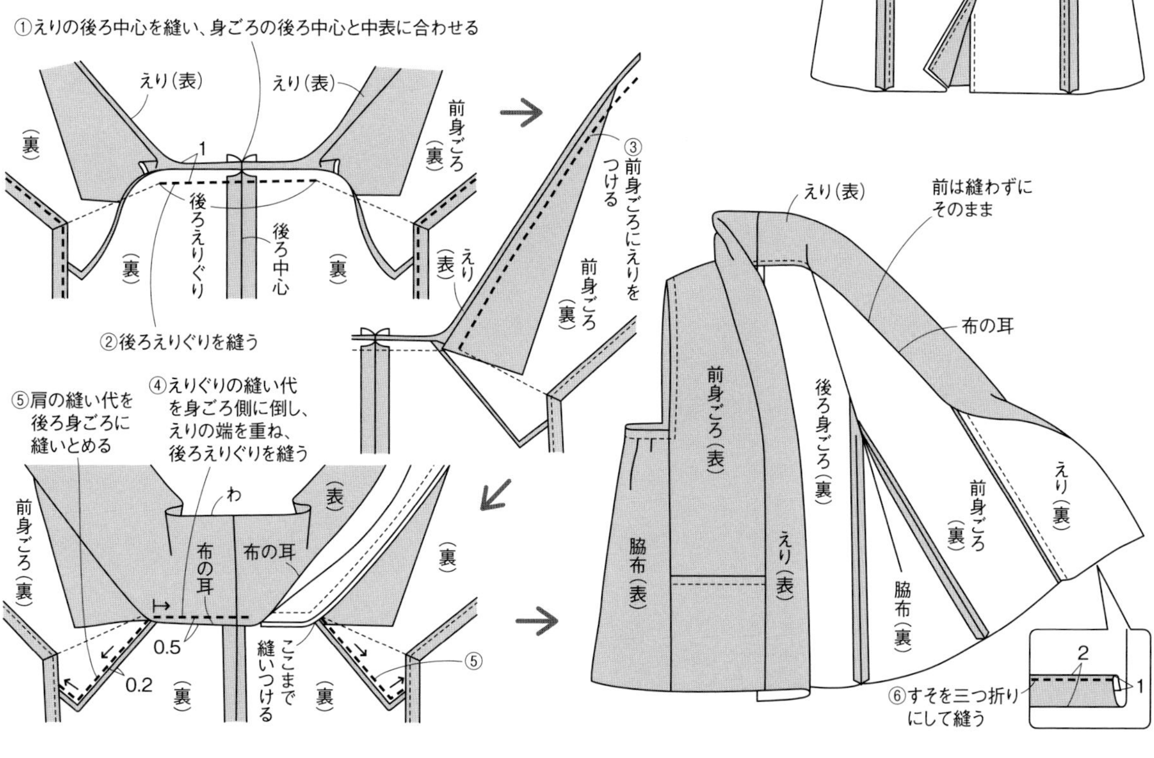

リボンローブ

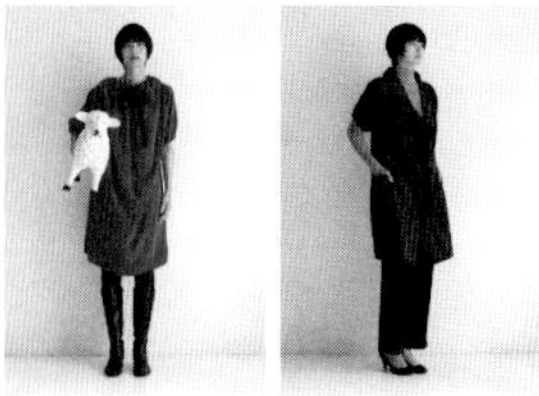

(あ)　(い)

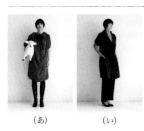

材料
着物……1枚
1.5㎝幅のゴムテープ……34㎝×2本
3㎝幅のリボンテープ……2.1m×1本
直径0.8㎝のスナップボタン
……7組【(い)のみ】

作り方
※端の処理はP33参照
1 脇を縫う
2 そでを作ってつける
3 後ろ中心を縫い、タックをたたむ
4 前中心を縫う
5 えりぐり、すそを縫う
【(い)のみポケットをつけ、スナップボタンをつける】

●製図

単位=cm　Z=着物の布幅
A～Gは着物の使用部分（P33参照）

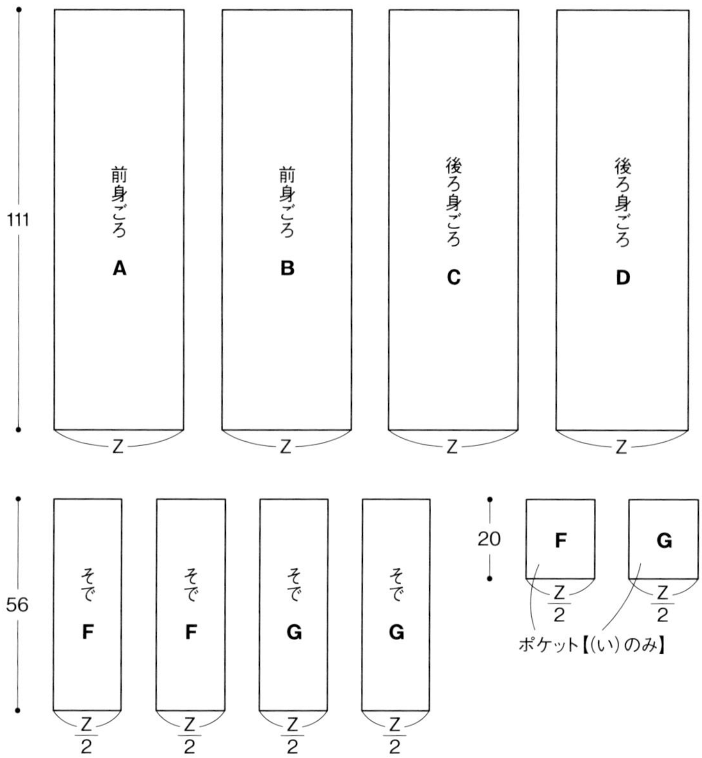

●出来あがり図

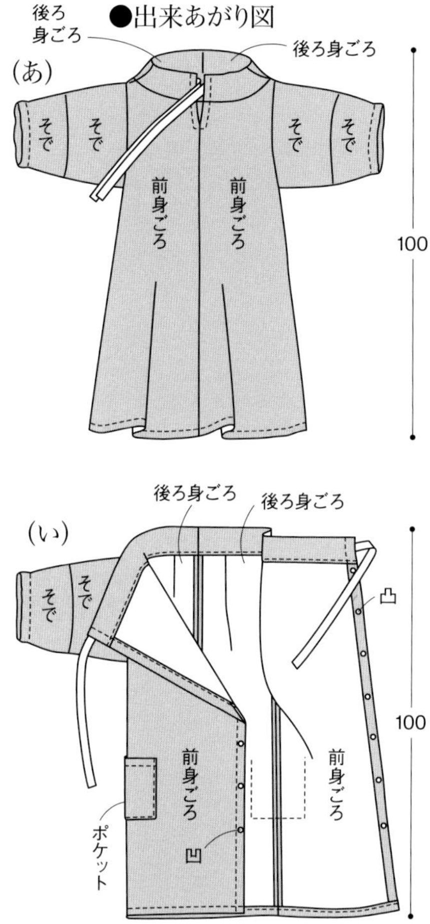

1.脇を縫う

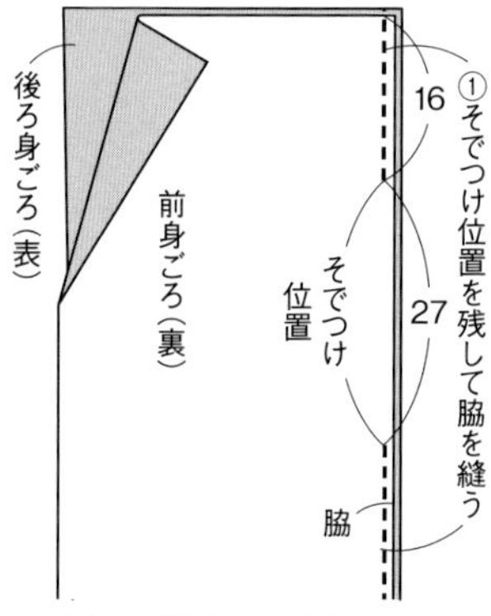

※左右対称にもう1つ作る

2.そでを作ってつける

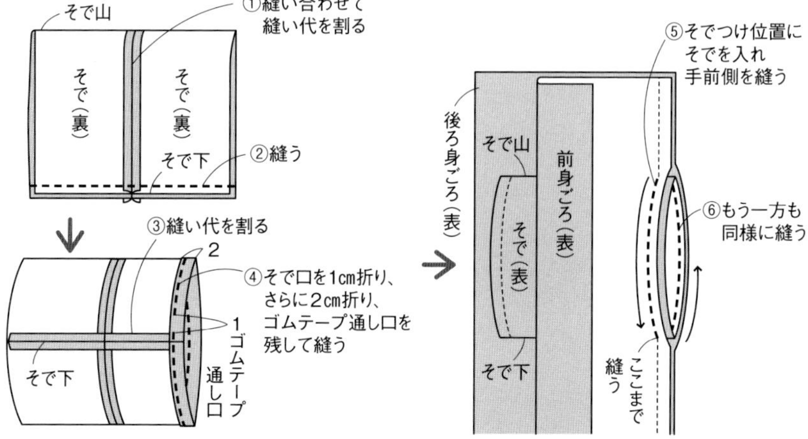

3. 後ろ中心を縫い、タックをたたむ

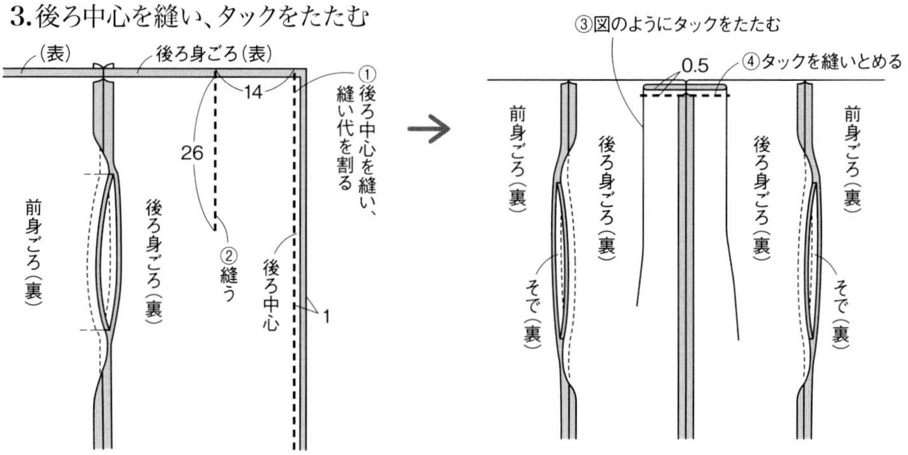

4. 前中心を縫う

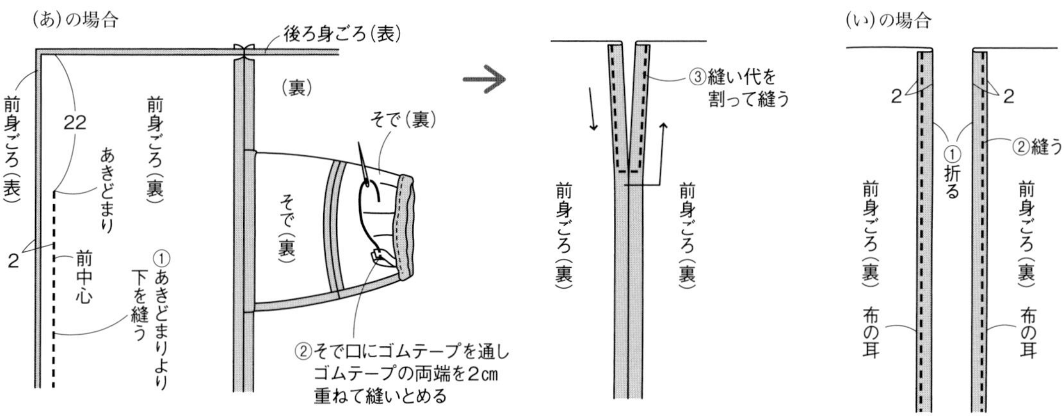

5. えりぐり、すそを縫う[(い)のみポケットをつけ、スナップボタンをつける]

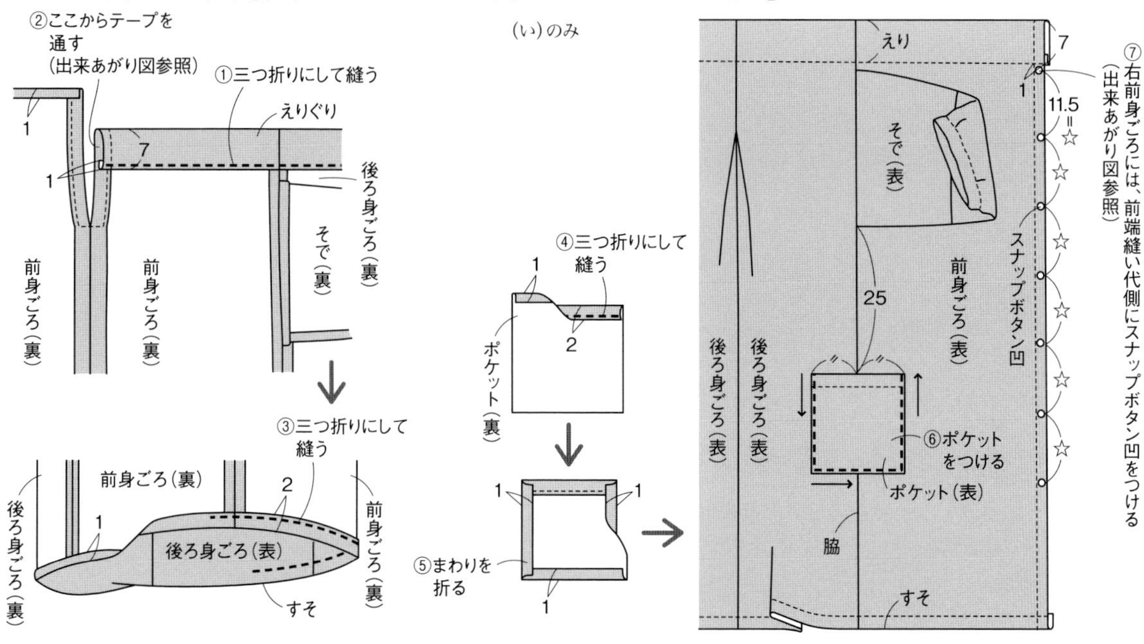

はおりジャケット

（あ）

（い）

材料

着物……1枚

直径0.8㎝のスナップボタン

……（あ）3組

（い）5組

作り方

※端の処理はP33参照

1 前脇布、後ろ脇布のダーツを縫う

2 前中央のダーツを縫う

3 前打ち合いを縫う

4 前身ごろを組み立てる

5 上後ろ中央を折る

6 下後ろ中央を縫う

7 後ろ身ごろを組み立てる

8 肩を縫い、後ろえりぐりを縫う

9 そでを作り、そでをつけ、脇を縫う

10 すそを縫い（P45の5参照）スナップボタンをつける（出来あがり図参照）

●製図

単位=cm　Z=着物の布幅

A〜Jは着物の使用部分（P33参照）

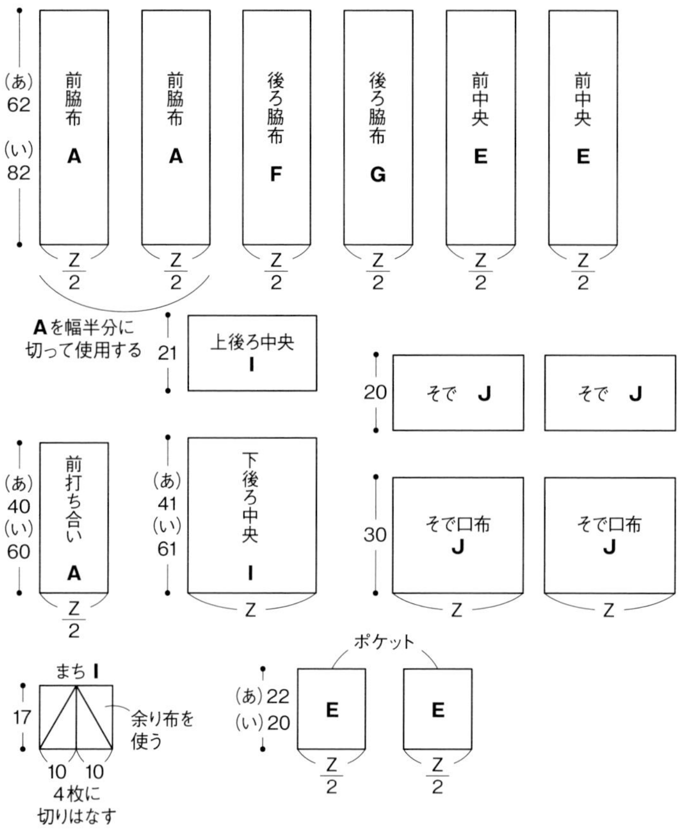

●出来あがり図

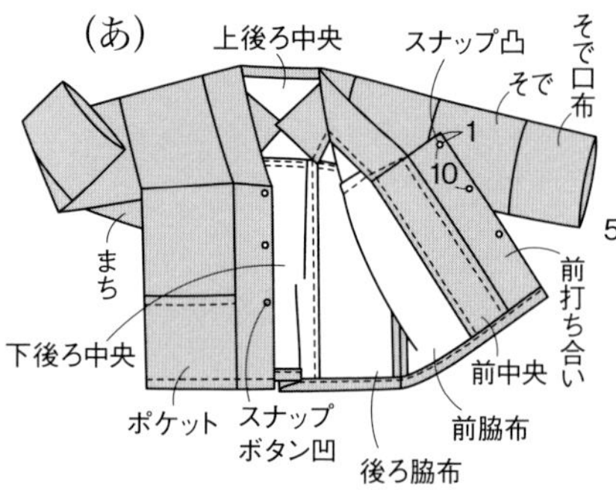

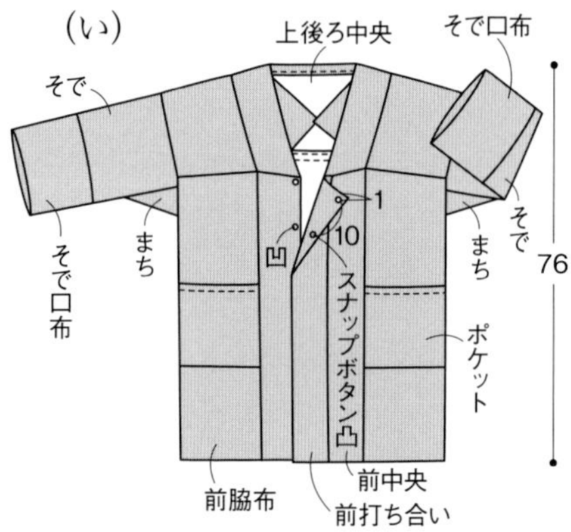

1.前脇布、後ろ脇布のダーツを縫う

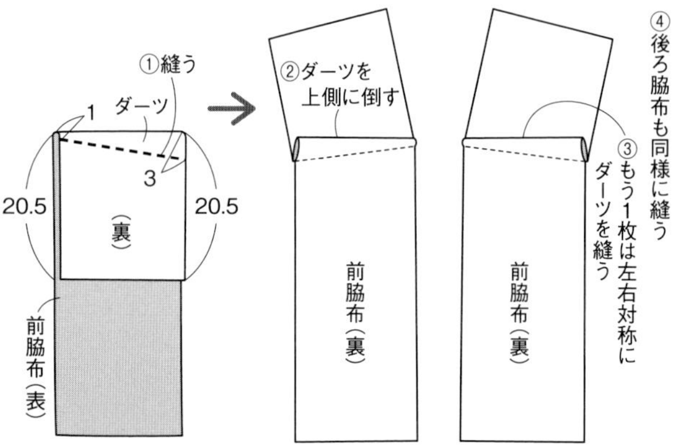

2.前中央のダーツを縫う

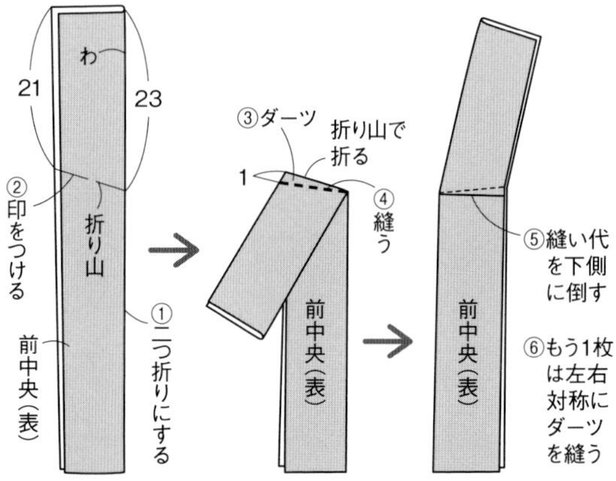

3.前打ち合いを縫う

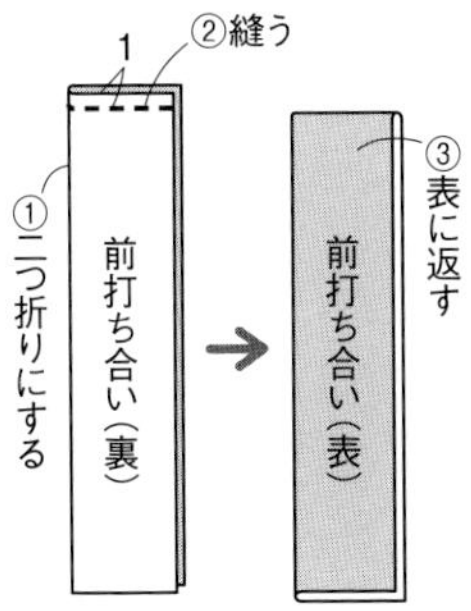

4.前身ごろを組み立てる

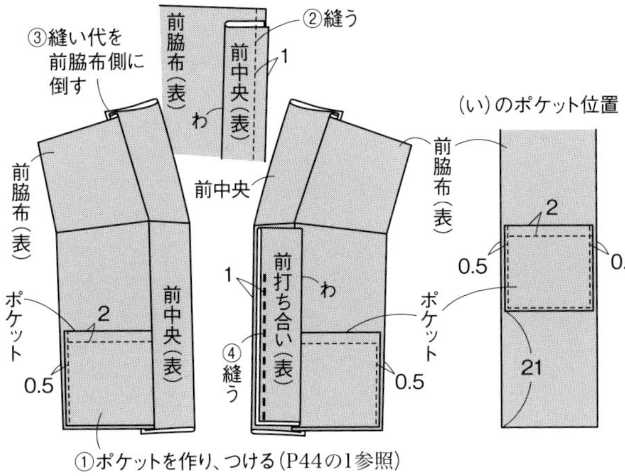

5.上後ろ中央を折る

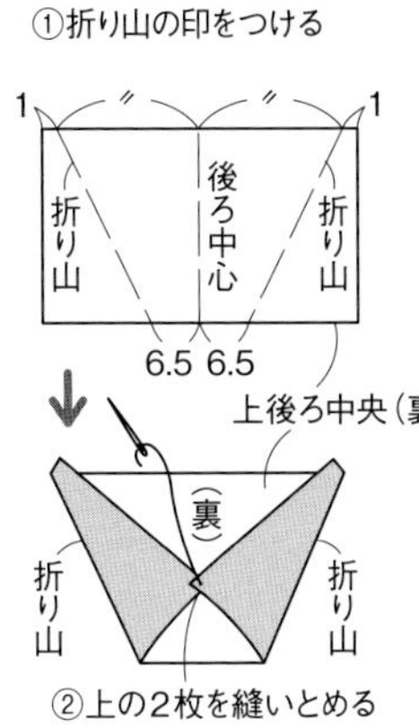

6.下後ろ中央を縫う

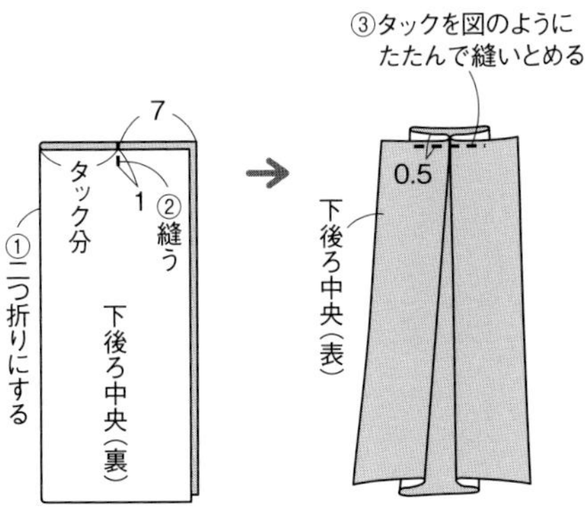

7.後ろ身ごろを組み立てる

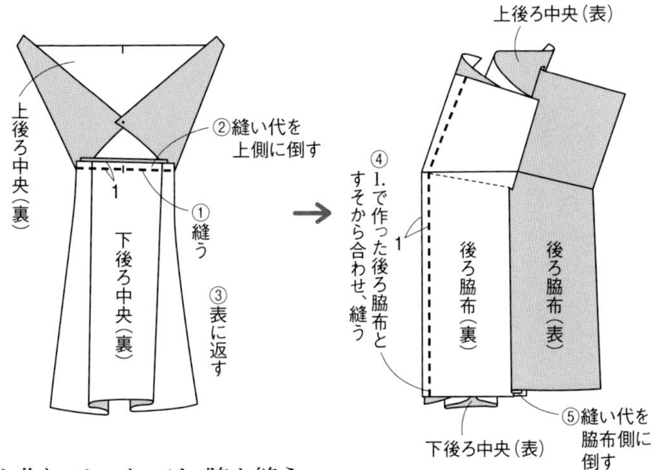

8.肩を縫い、後ろえりぐりを縫う

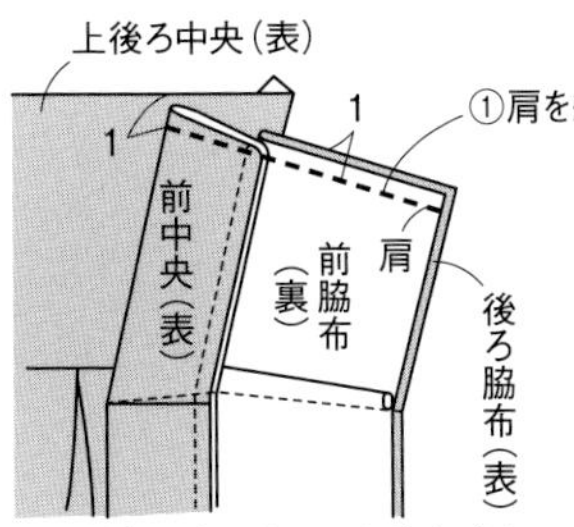

※前打ち合いをつけた前身ごろは左側に縫いつける

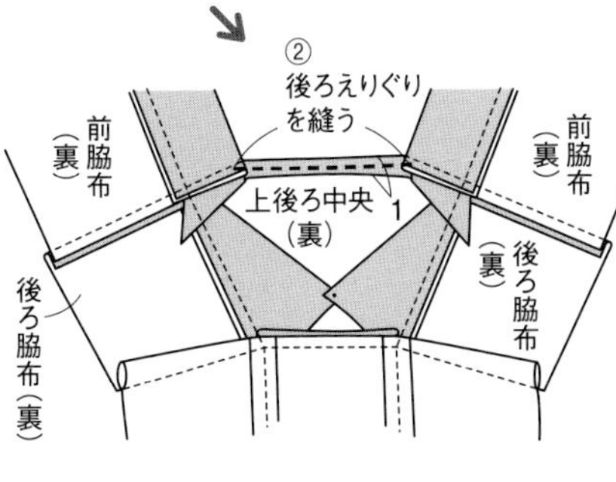

9.そでを作り、そでをつけ、脇を縫う

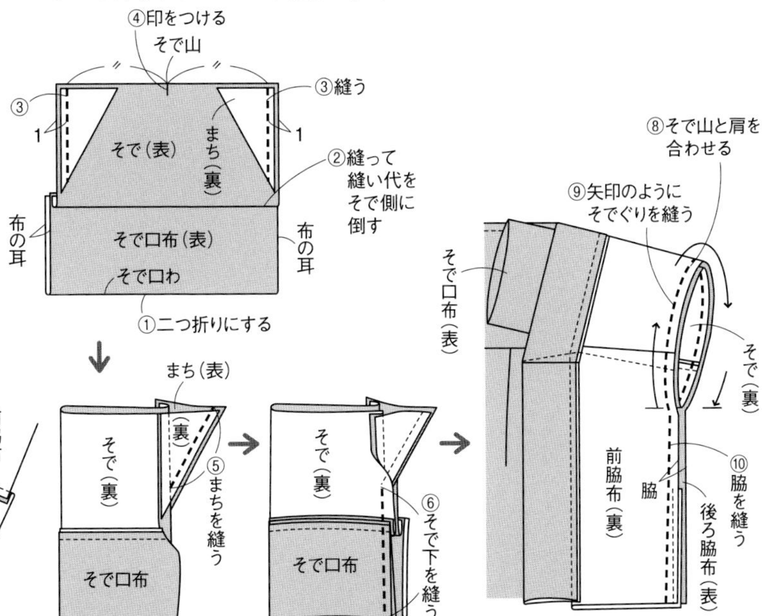

※もう一方も同様に縫う

はかまパンツ

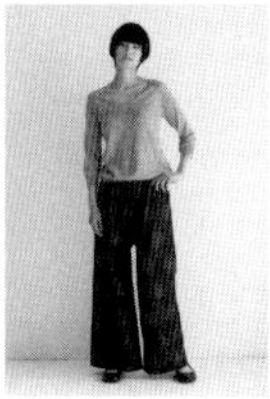

材料

着物……1枚
2.5 ㎝幅のゴムテープ（ボタンホールつき）
……40 ㎝×1本
直径 1.8 ㎝のボタン……1個
かぎホック……1組
直径 0.8 ㎝のスナップボタン……2組

作り方

※端の処理は P33 参照

1 ダーツ、タックの印をつけ、前後中心を縫う。
2 後ろパンツのダーツを縫い、後ろパンツの脇線の印をつける
3 ポケットをつける
4 前パンツのタックを縫う
5 前パンツの脇線の印をつけ、左脇を縫う
6 右脇を縫い、ゴムテープを通す
7 まちをつける
8 股下を縫い、すそを縫う
9 かぎホック、スナップボタンをつける

●製図

単位=㎝　Z=着物の布幅
A～Iは着物の使用部分（P33参照）

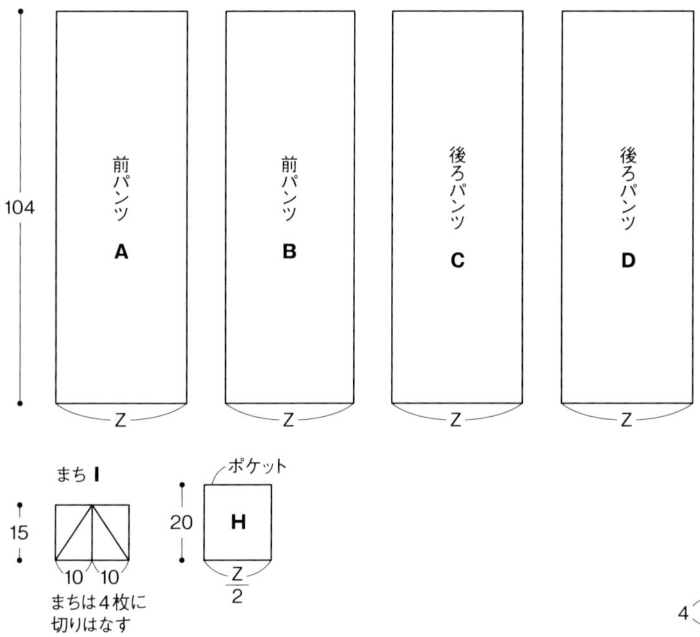

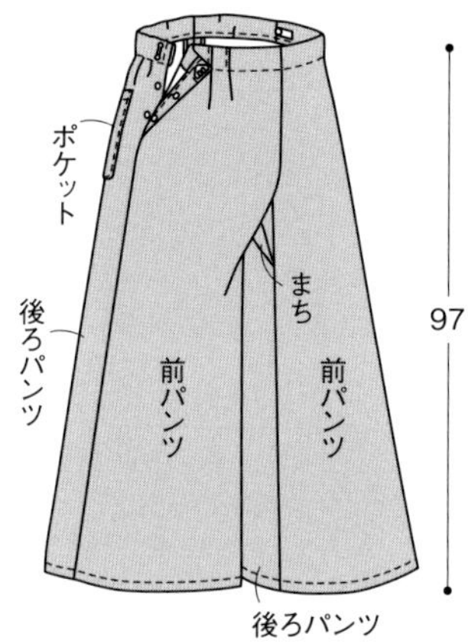

●出来あがり図

2.後ろパンツのダーツを縫い、後ろパンツの脇線の印をつける

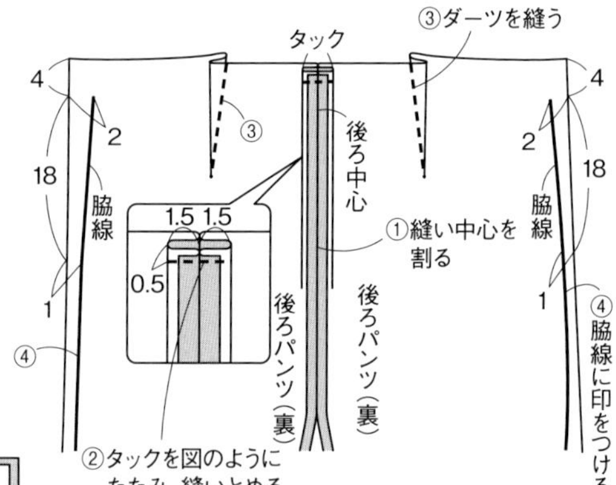

1.ダーツ、タックの印をつけ、前後中心を縫う

①前後パンツにダーツ、タックの印をつける

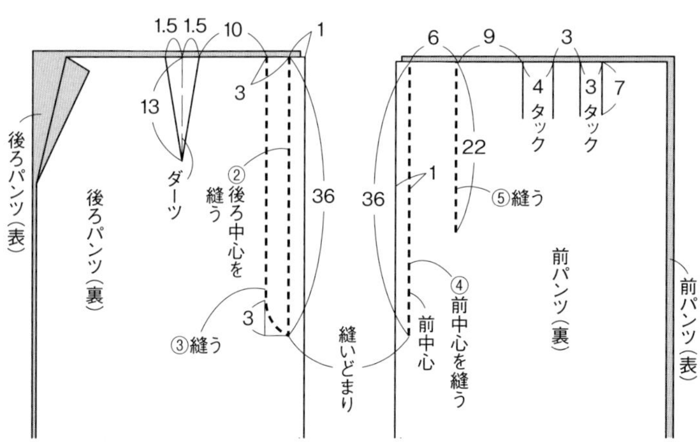

3.ポケットをつける

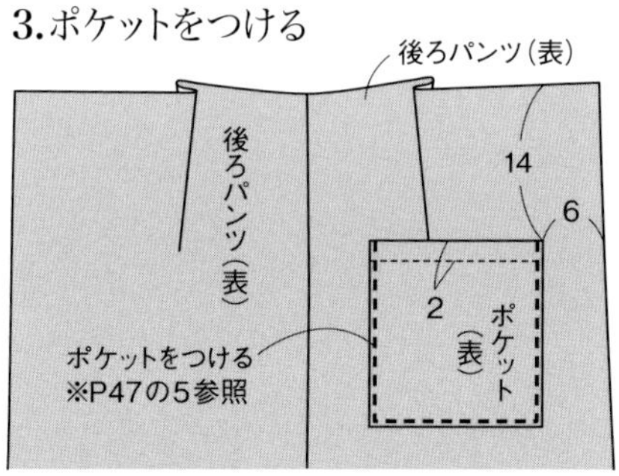

4.前パンツのタックを縫う

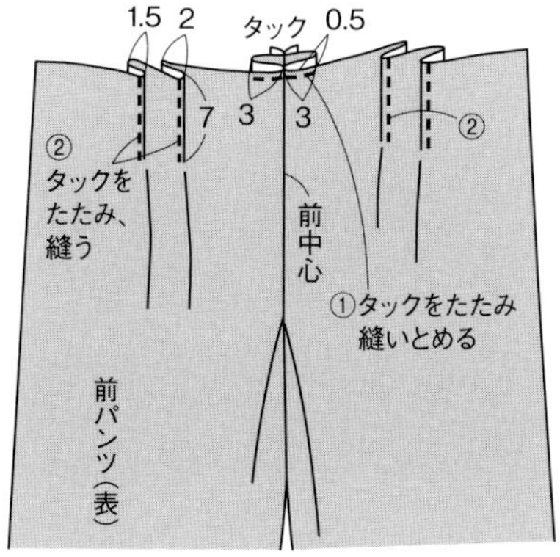

5.前パンツに脇線の印をつけ、左脇を縫う

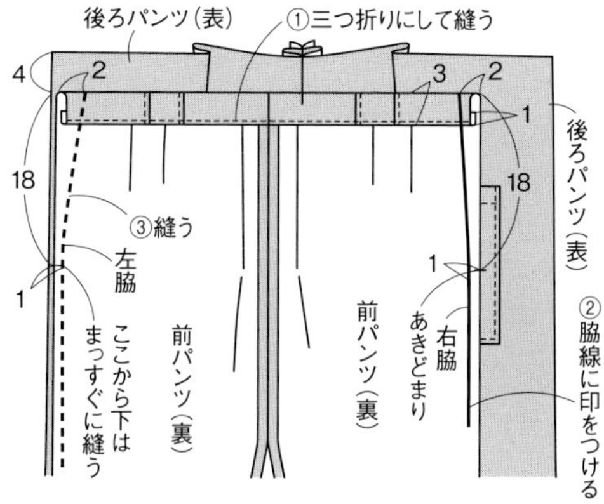

6.右脇を縫い、ゴムテープを通す

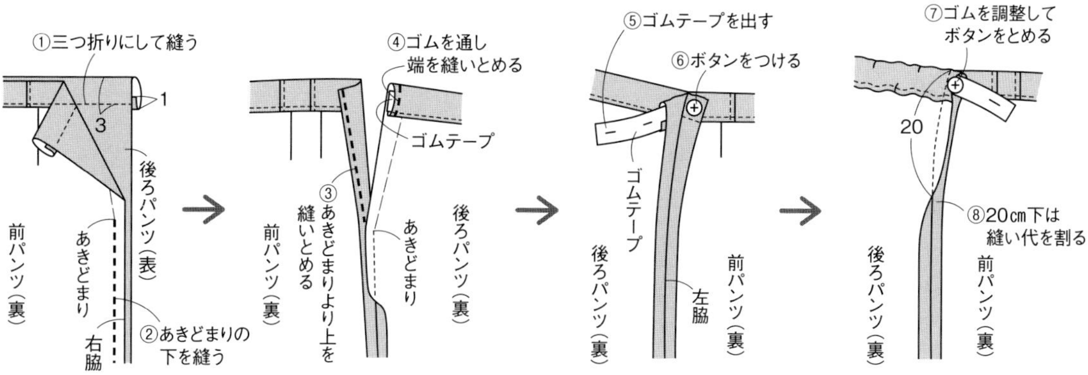

7.まちをつける

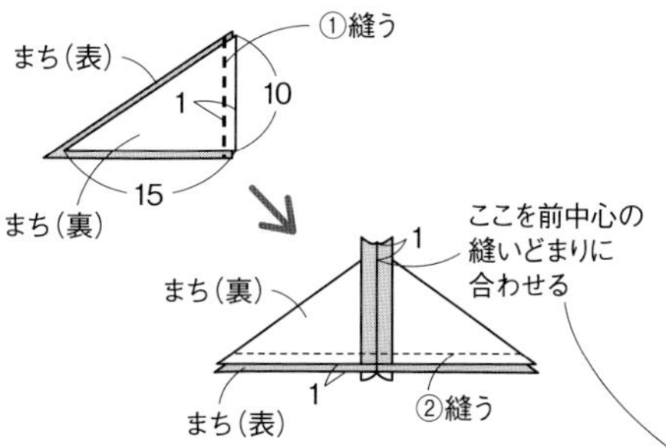

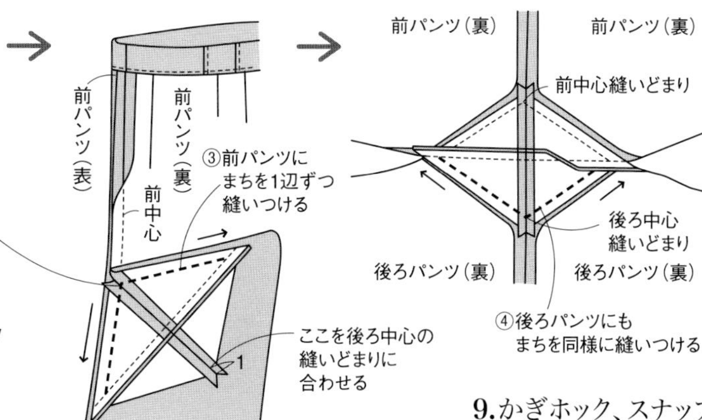

8.股下を縫い、すそを縫う

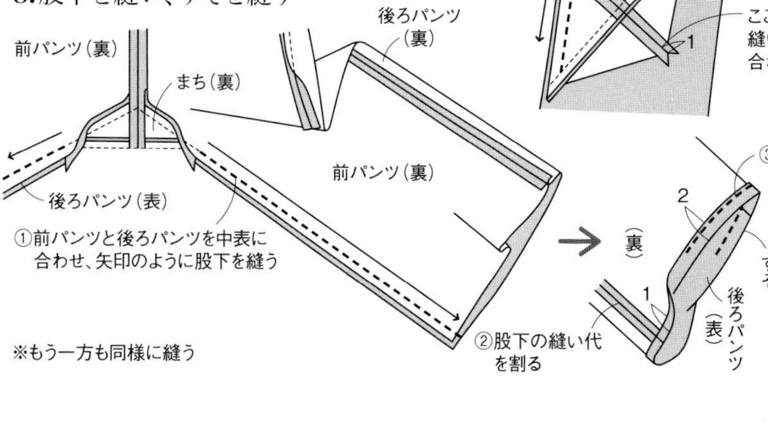

※もう一方も同様に縫う

9.かぎホック、スナップボタンをつける

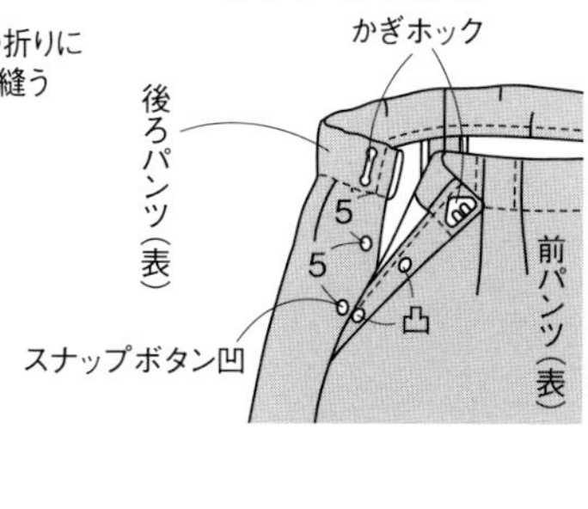

ふわりローブ

（あ）

（い）

材料
着物……1枚
絹地……前身ごろ、すそ布【ともに（い）のみ】
0.5㎝幅のゴムテープ
……14㎝×2本（えりぐり用）、
28㎝×2本（そで口用）
直径1.1㎝のボタン……2個【（い）のみ】

作り方
※端の処理はP33参照
1 前後身ごろにそでをつける
2 そでのえりぐり側を縫い、ゴムテープを通す
3 そで下、そで口を縫い、そで口にゴムテープを通す
4 スカートを作り、身ごろとそでにつける
5 すそを縫う（あ）、すそ布をつける（い）
6 ボタンをつける【（い）のみ】

●製図

単位＝㎝　Z＝着物の布幅
A～Jは着物の使用部分（P33参照）

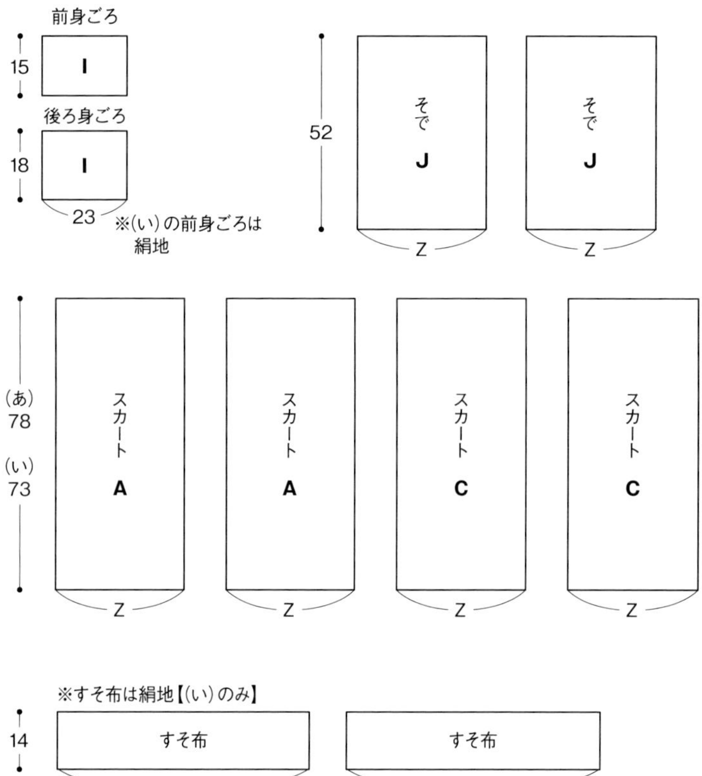

●出来あがり図

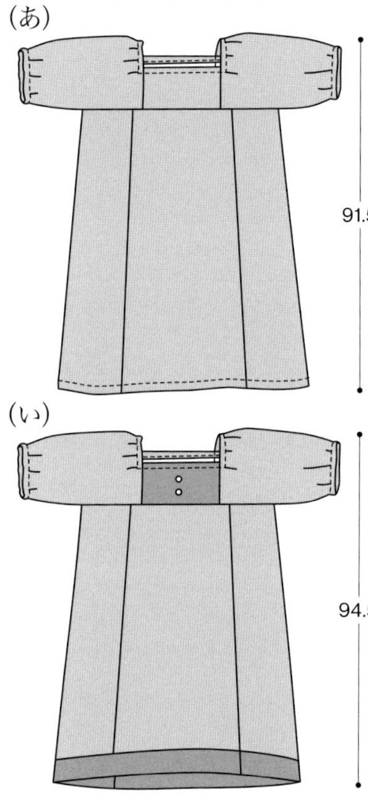

1.前後身ごろにそでをつける

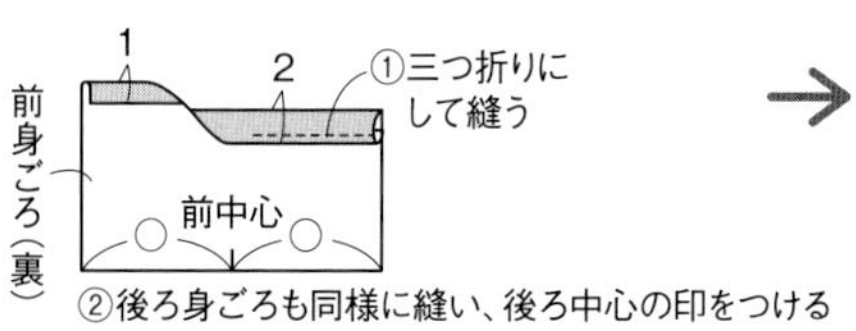

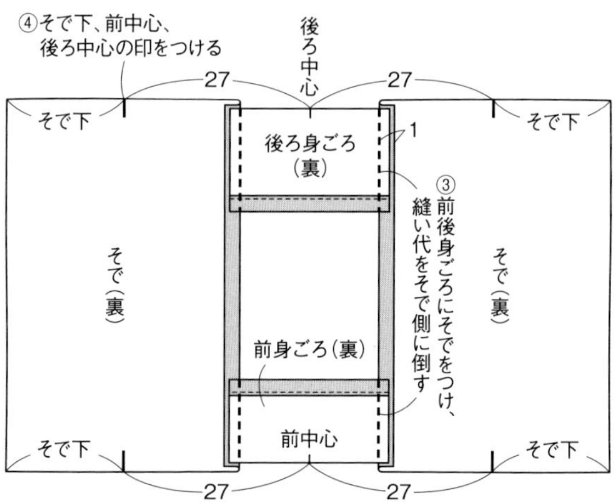

2.そでのえりぐり側を縫い、ゴムテープを通す

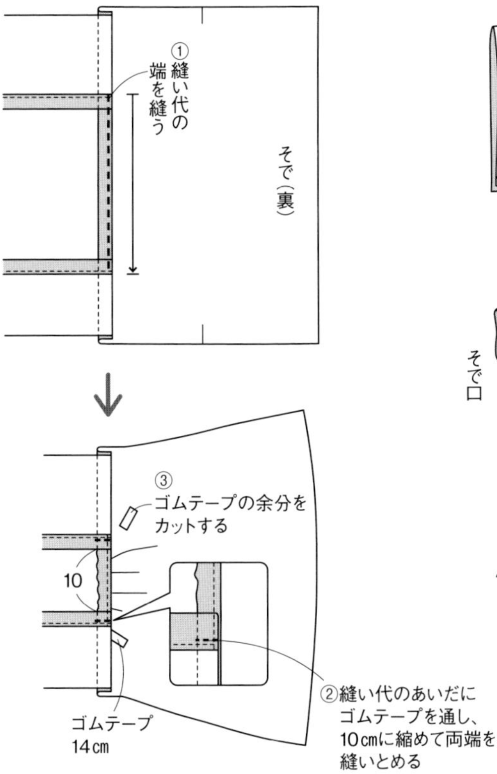

3.そで下、そで口を縫い、そで口にゴムテープを通す

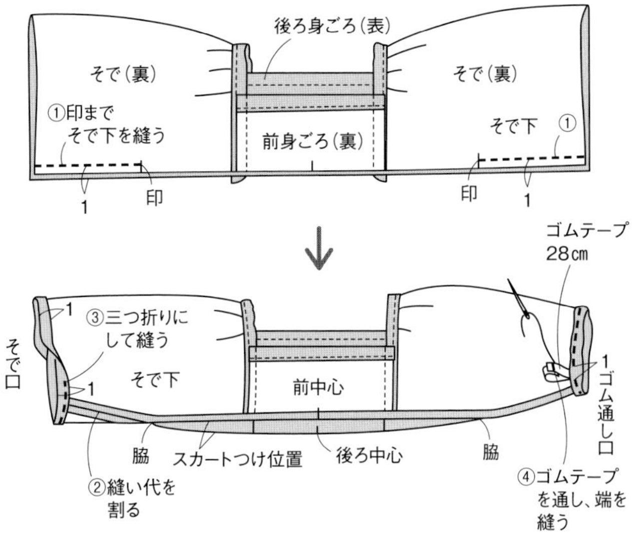

4.スカートを作り、身ごろとそでにつける

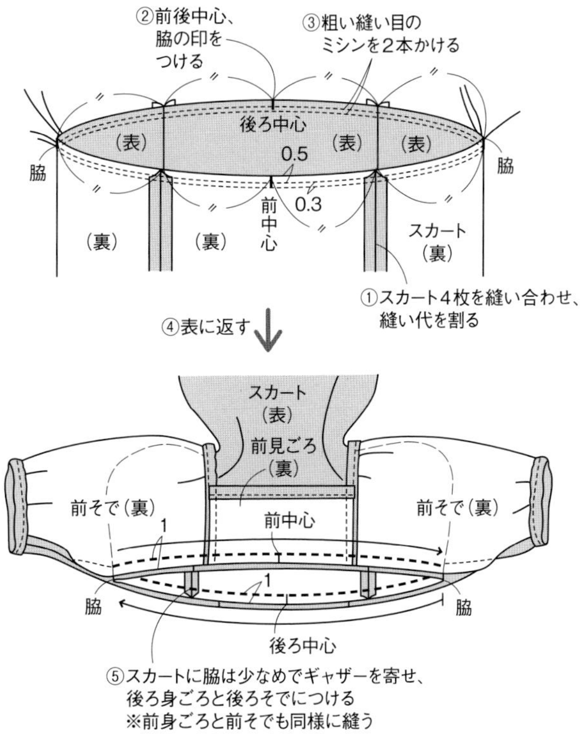

(い)のみ

5.すそ布をつける

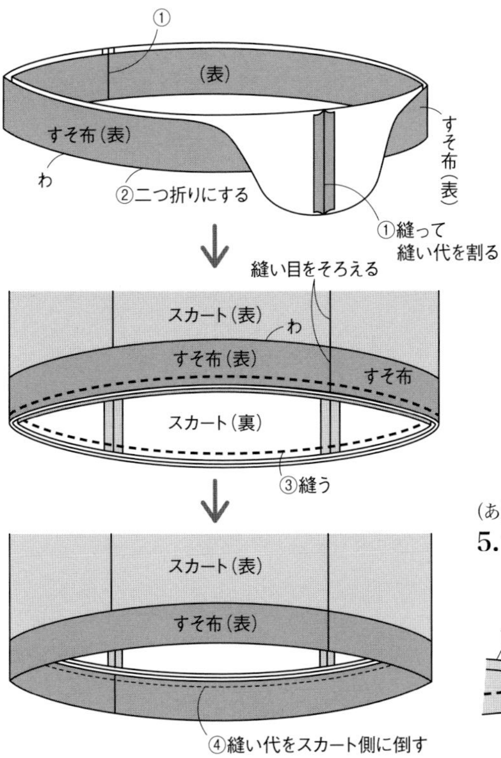

(あ)のみ

5.すそを縫う

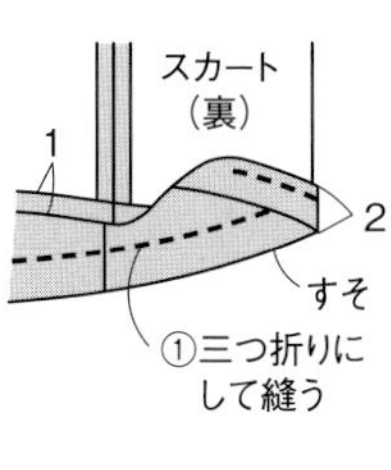

(い)のみ

6.ボタンをつける

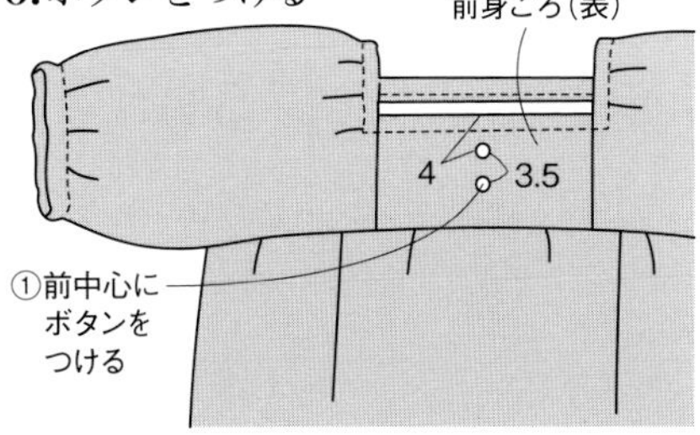

ふわりローブ・コート

Photo P23

材料

着物……1枚
0.5㎝幅のゴムテープ
……14㎝×2本（えりぐり用）
28㎝×2本（そで口用）
直径0.9㎝のスナップボタン……7組
直径2.3㎝のボタン……7個

作り方

※端の処理はP33参照

1 前身ごろを作る
2 後ろ身ごろを作る（P52の1参照）
3 前後身ごろにそでをつける（P52の1参照）
4 そでのえりぐり側を縫い、ゴムテープを通す（P53の2参照）
5 そで下、そで口を縫い、そで口にゴムテープを通す（P53の3参照）
6 スカートを作り、身ごろとそでにつける
7 ポケットをつけ、前端とすそを縫ってスナップボタンをつける

●製図

単位=㎝　Z=着物の布幅
A～Jは着物の使用部分（P33参照）

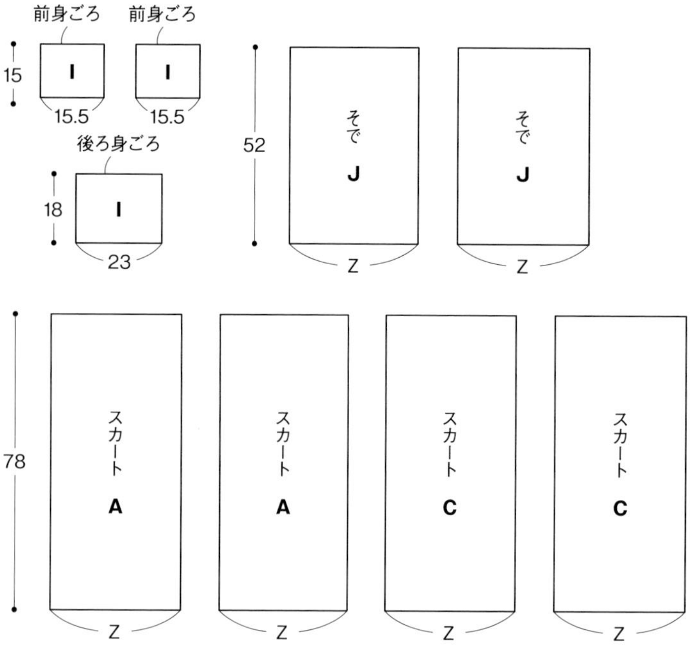

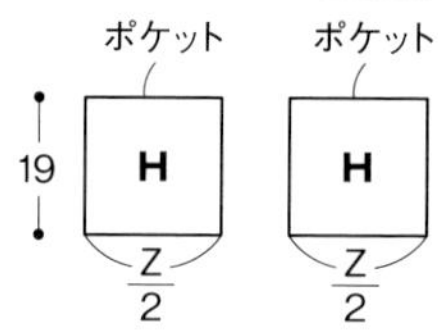

●出来あがり図

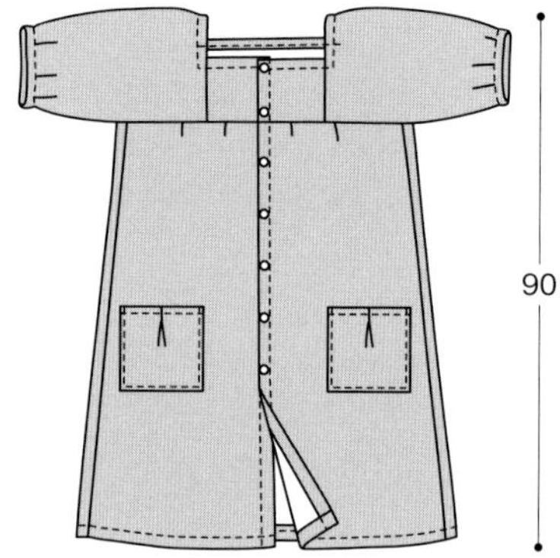

1.前身ごろを作る

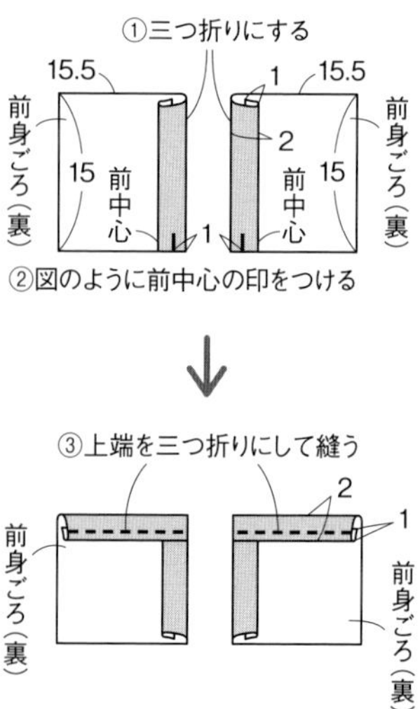

6.スカートを作り、身ごろとそでにつける

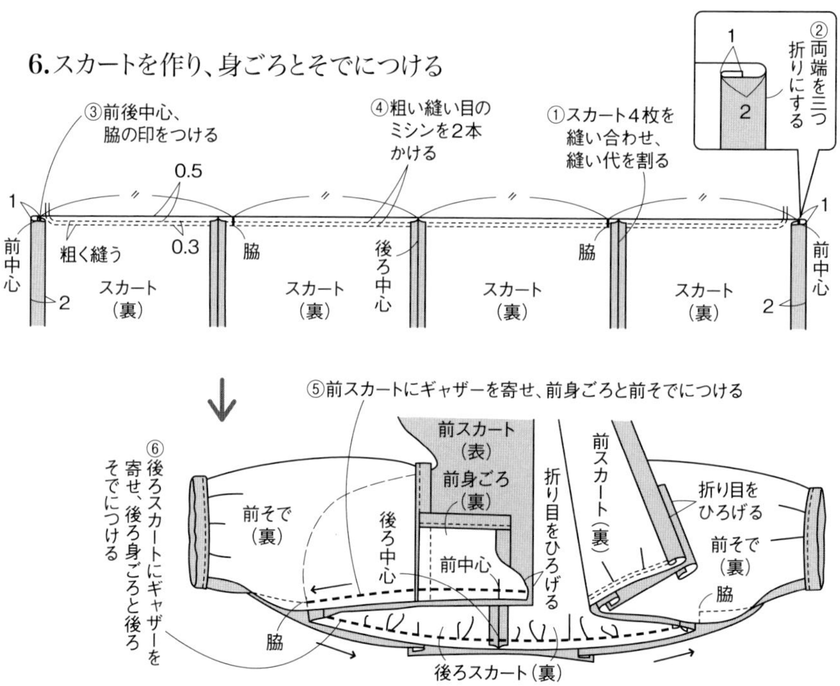

7.ポケットをつけ、前端とすそを縫ってスナップボタンをつける

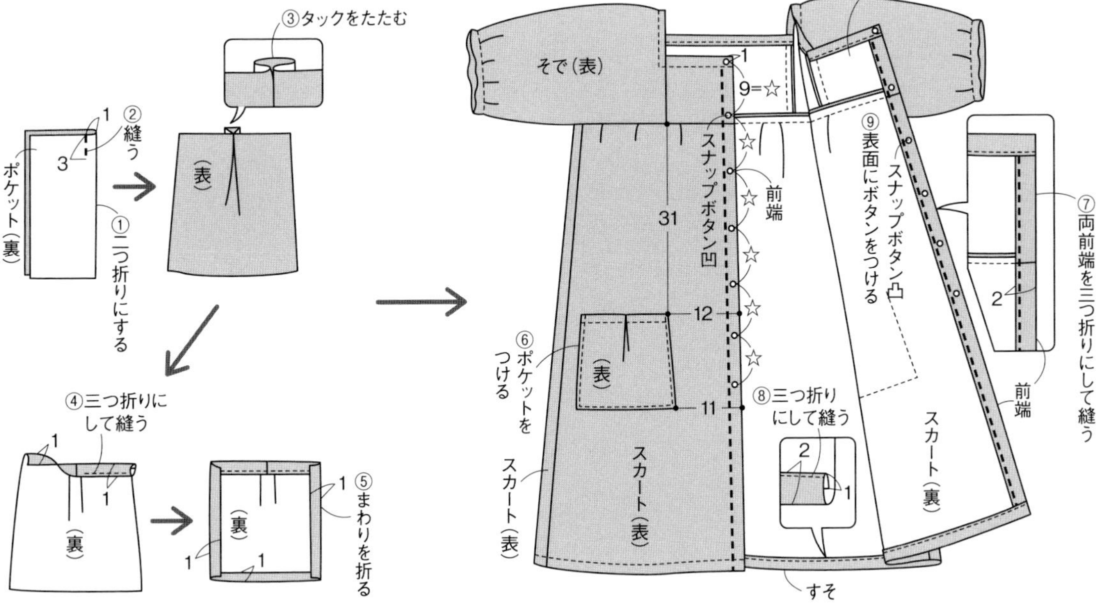

スカーフ

Photo P31

材料
着物の余り布

作り方
1 左布、中央布、右布の３枚を縫い合わせ、タッセルをはさんでまわりを縫う

●製図 単位=cm Z=着物の布幅

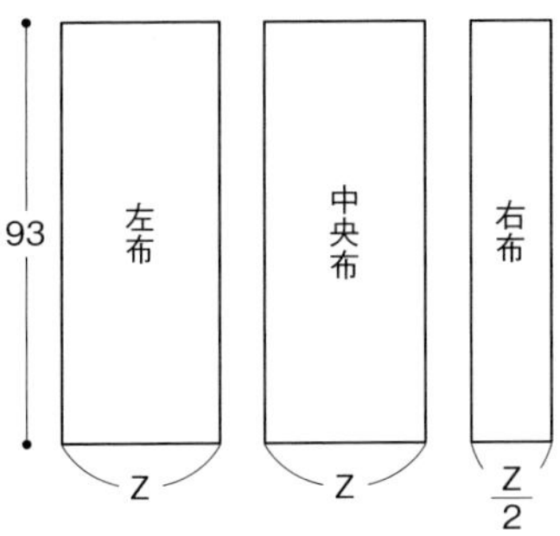

●出来あがり図

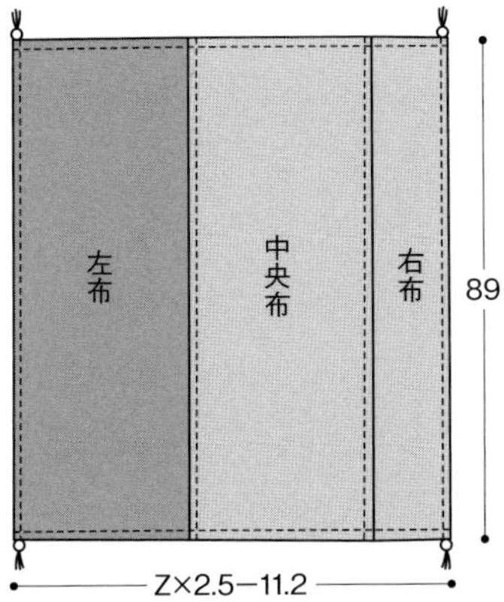

1.左布、中央布、右布の3枚を縫い合わせ、タッセルをはさんでまわりを縫う

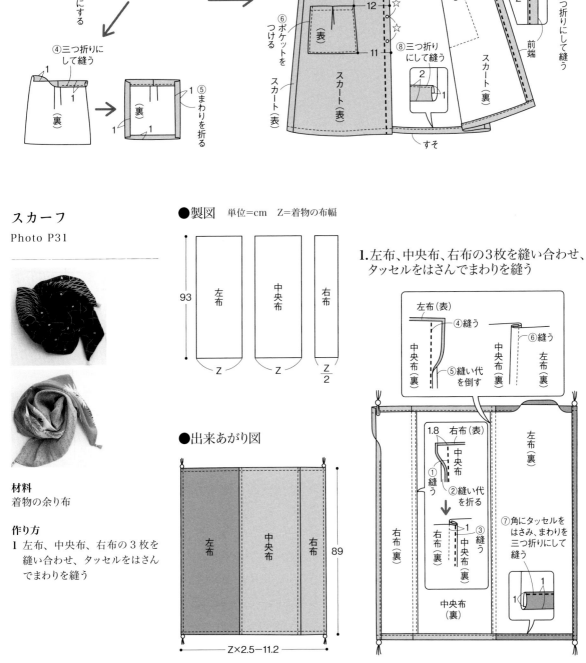

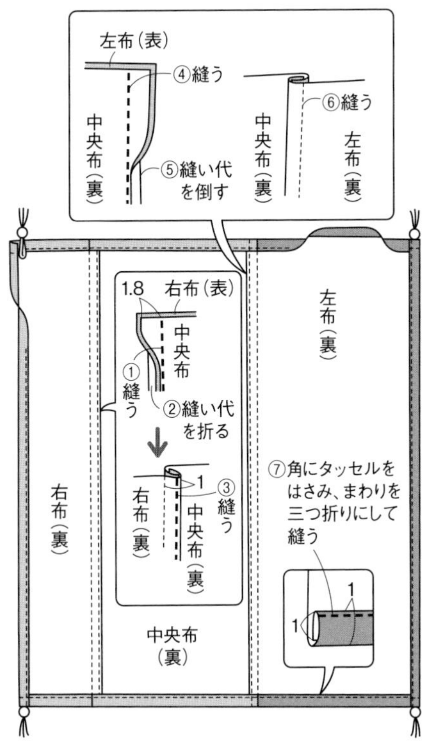

かさねローブ

Photo P24, 25

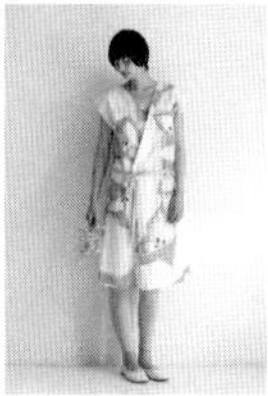
(あ)

(い)

材料
浴衣……1枚
2㎝幅のひもテープ
……62㎝×1本
140㎝×1本

作り方
※端の処理はP33参照
1 前身ごろを作り、ひもをつける
2 前中心を縫う
3 後ろ中心を縫う
4 肩を縫い、脇を縫う
5 後ろえりぐりを縫う
6 すそを縫う

●製図

単位=㎝　Z=浴衣の布幅
A〜Dは着物の使用部分（P33参照）

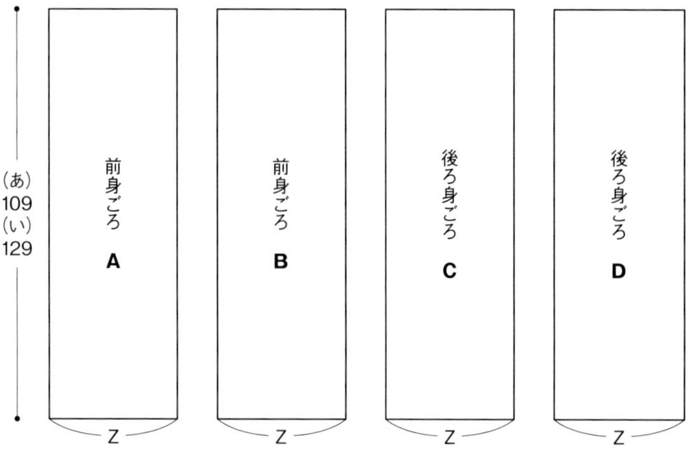

●出来あがり図

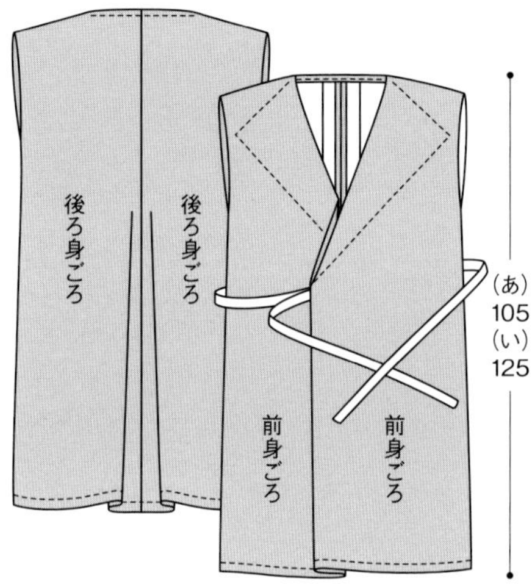

1.前身ごろを作り、ひもをつける

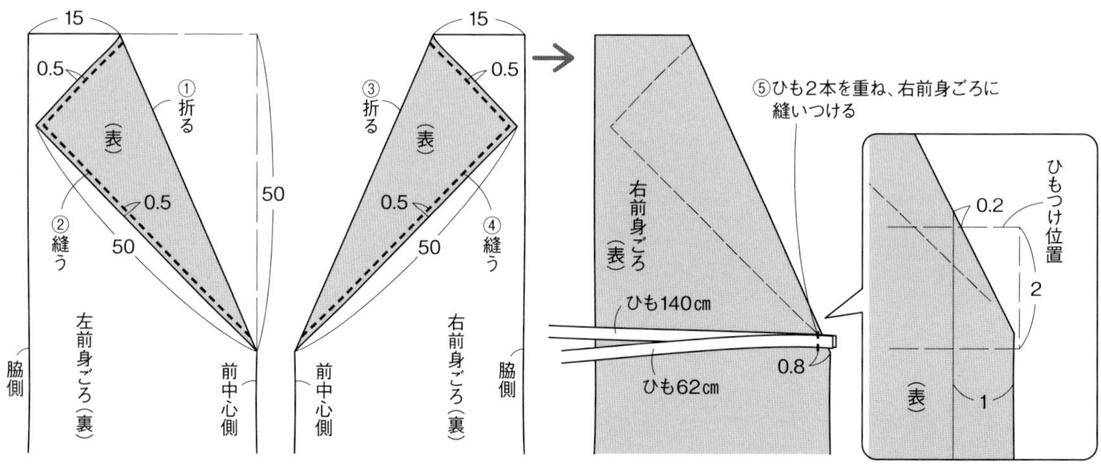

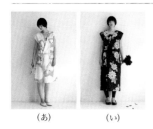

2.前中心を縫う

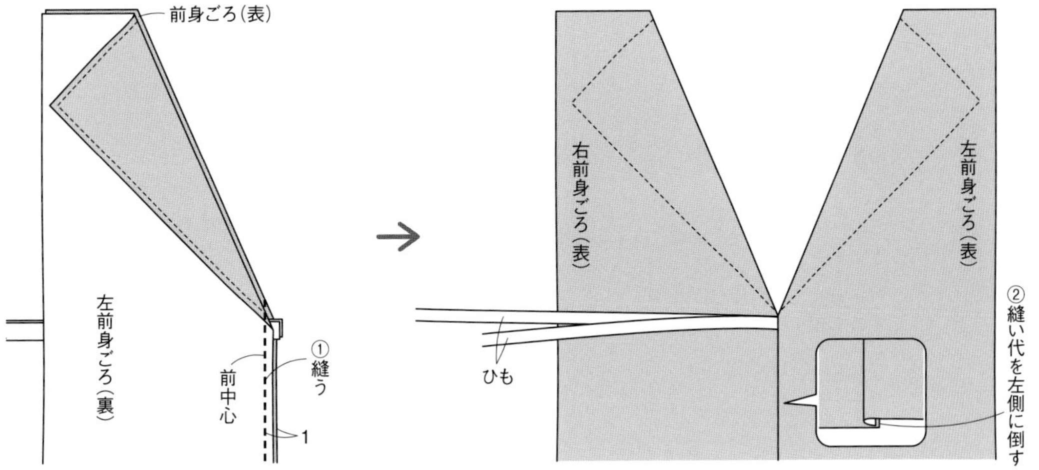

3.後ろ中心を縫う

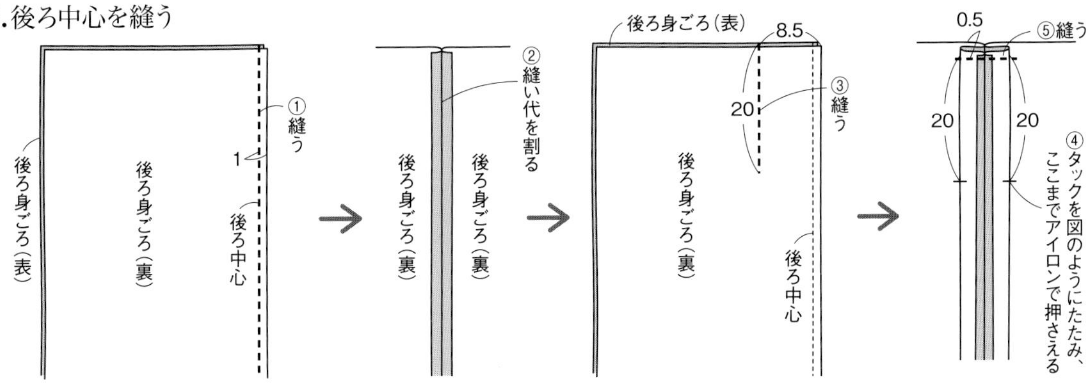

4.肩を縫い、脇を縫う

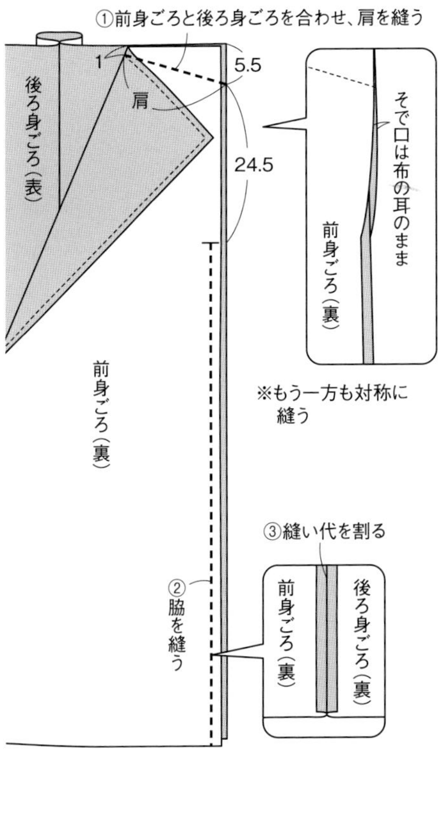

※もう一方も対称に縫う

5.後ろえりぐりを縫う

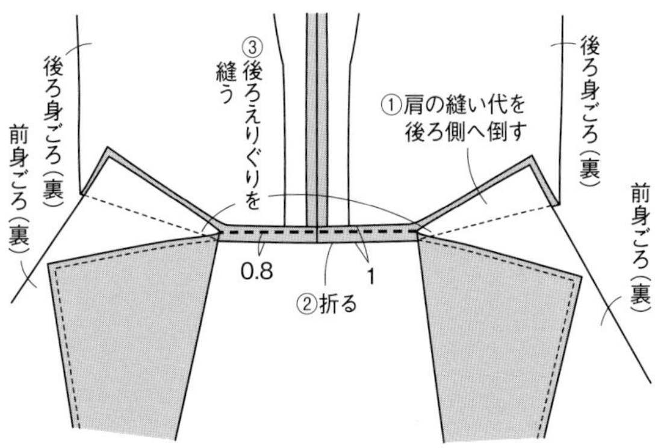

6.すそを縫う

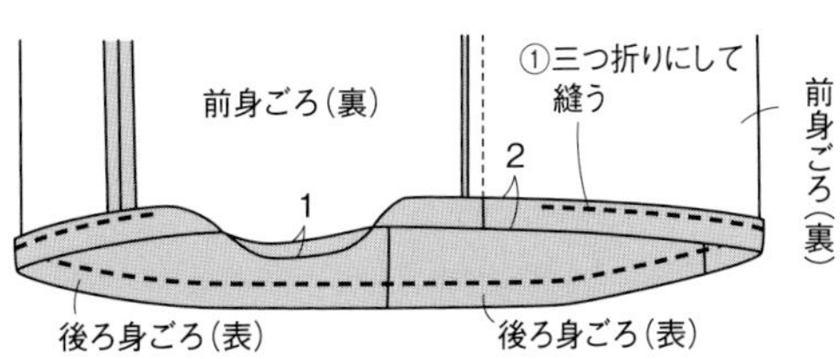

かさねパンツ

Photo P26, 27

材料
浴衣……1枚
2㎝幅のひもテープ
……70㎝×1本
114㎝×1本

作り方
※端の処理はP33参照
1 パンツの前後中心を縫う
2 ウエスト布を縫う
3 パンツの左脇を縫い、ウエスト布につける
4 ダーツを縫い、右脇を縫う
5 股下を縫う
6 すそを縫う
7 ウエストにひもをつける

●製図

単位=㎝　Z=浴衣の布幅
A〜Cは着物の使用部分（P33参照）

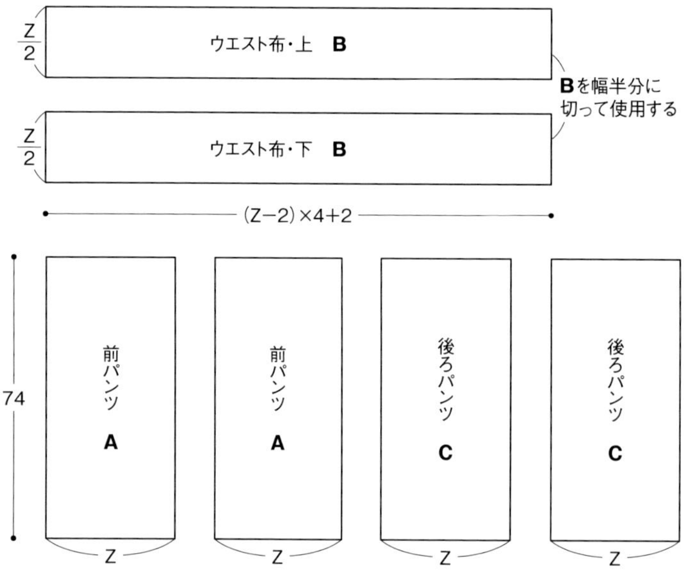

●出来あがり図

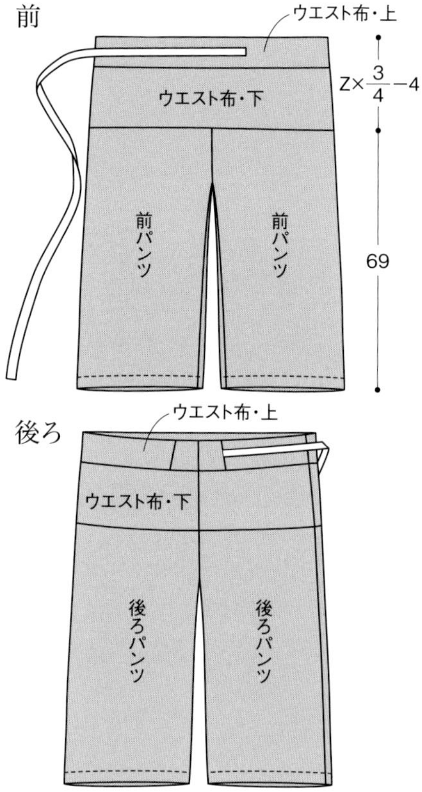

1.パンツの前後中心を縫う

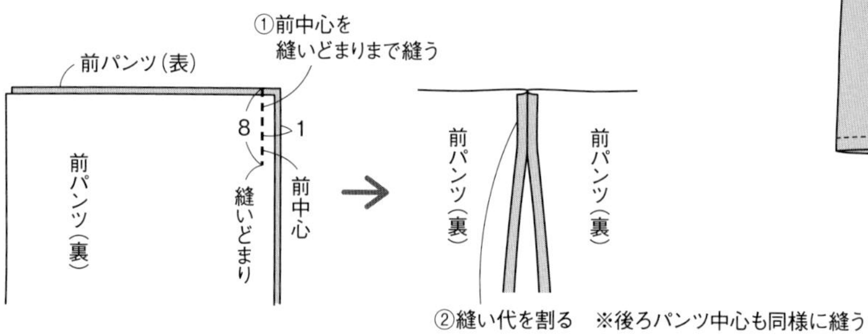

2.ウエスト布を縫う

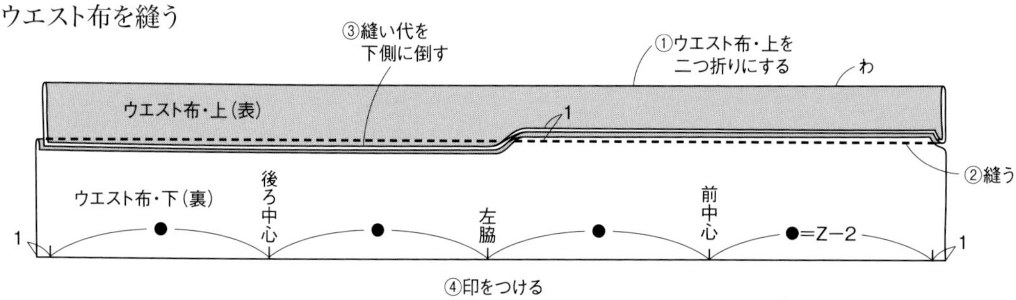

3.パンツの左脇を縫い、ウエスト布につける

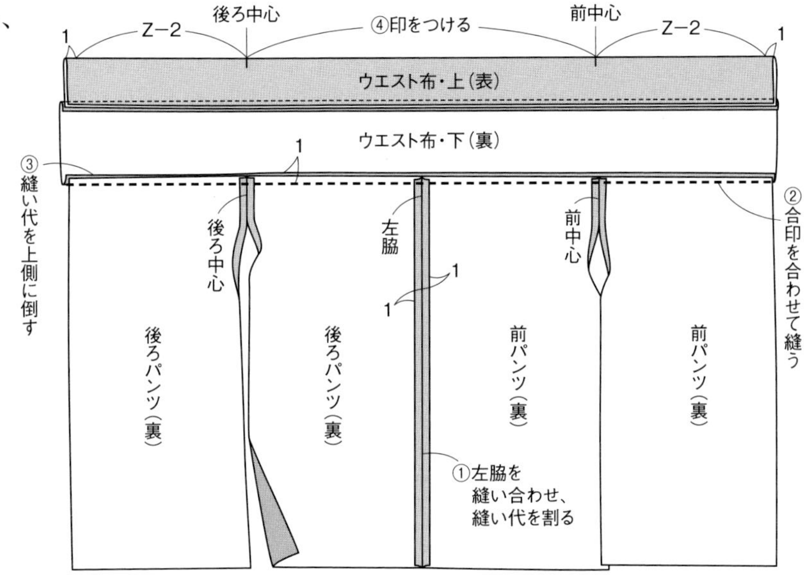

4.ダーツを縫い、右脇を縫う

①後ろ側の裏に図のようにチャコペンシルなどでダーツの印をつける

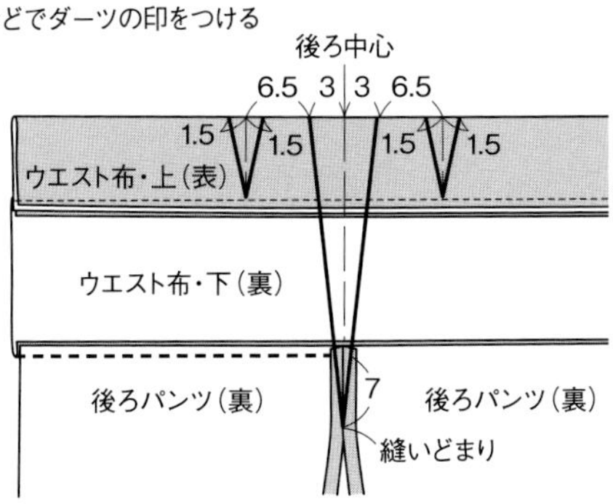

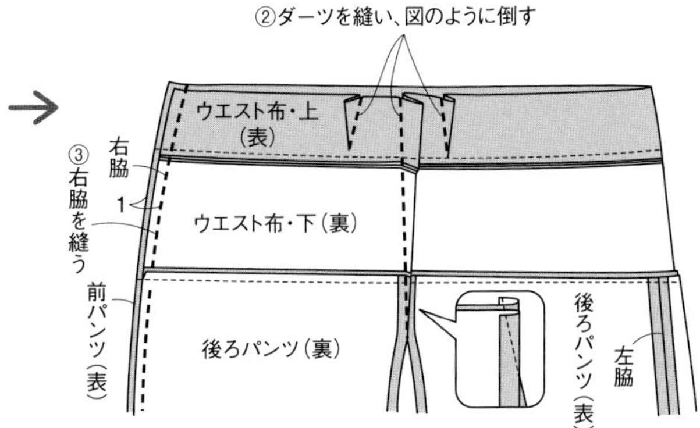

5.股下を縫う

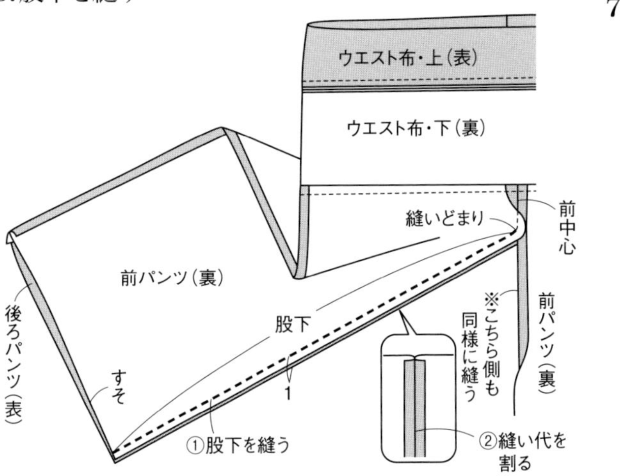

6.すそを縫う

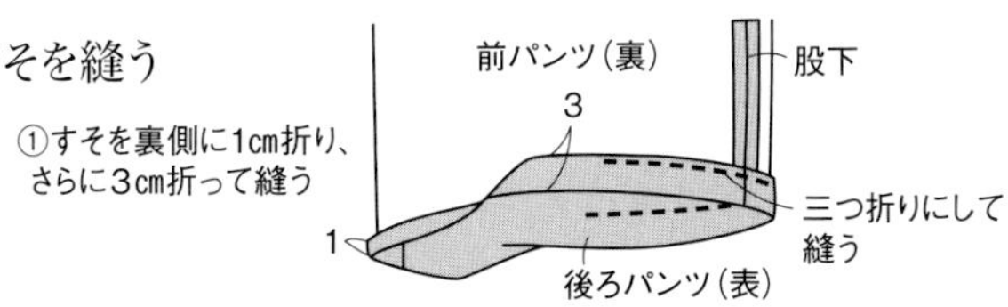

7.ウエストにひもをつける

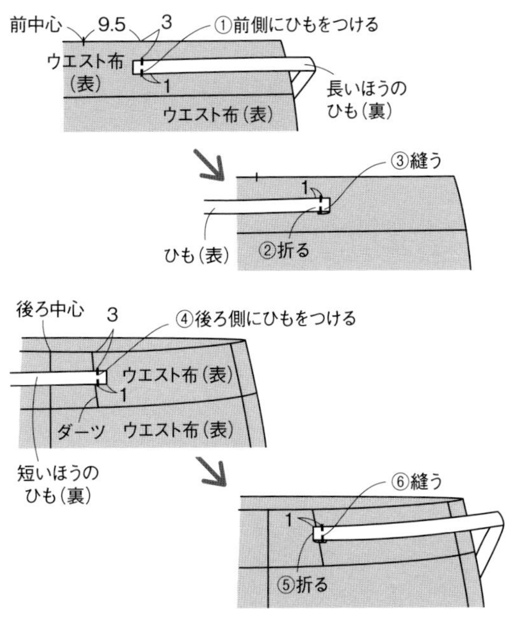

バンブーバッグ

材料
着物の余り布
木綿地
16㎝幅の持ち手（下図５参照）……1組

作り方
1 表袋、中袋の角を折る
2 中袋を縫う
3 表袋を縫う
4 中袋と表袋を重ね、入れ口を縫う
5 持ち手をつける

●製図　単位＝cm　Z＝着物の布幅

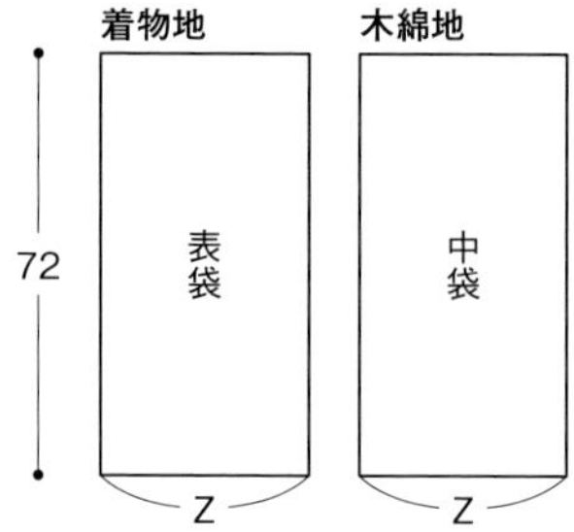

●出来あがり図

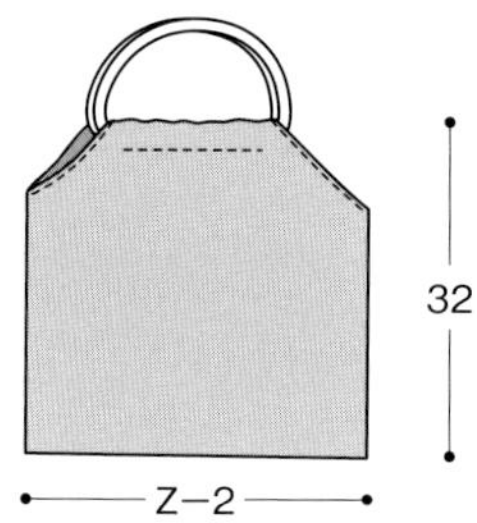

1.表袋、中袋の角を折る

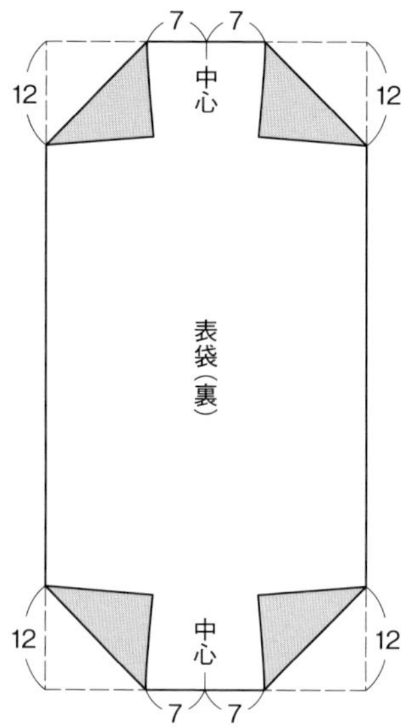

※中袋も同様に折る

2.中袋を縫う

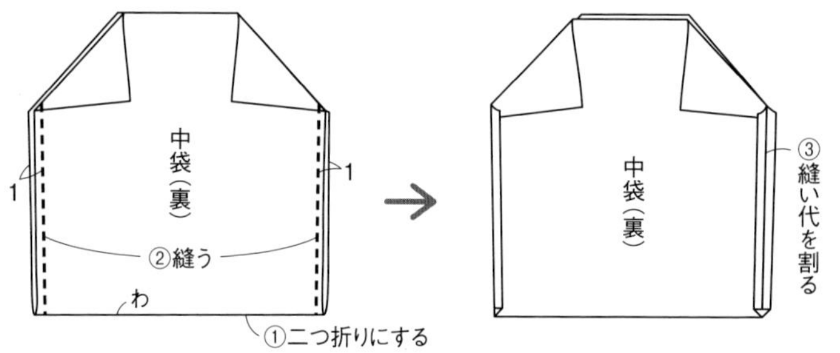

3.表袋を縫う

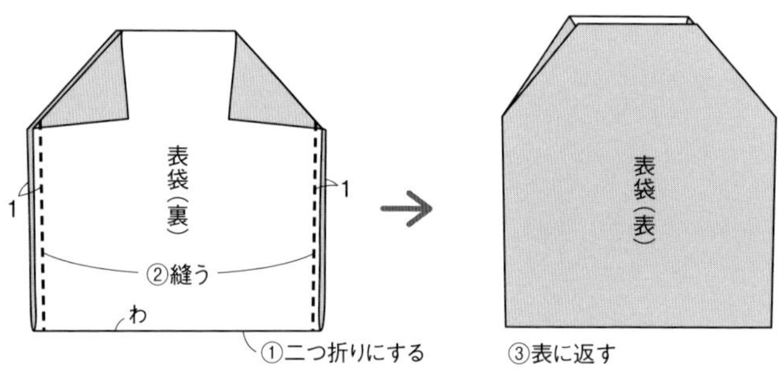

4.中袋と表袋を重ね、入れ口を縫う

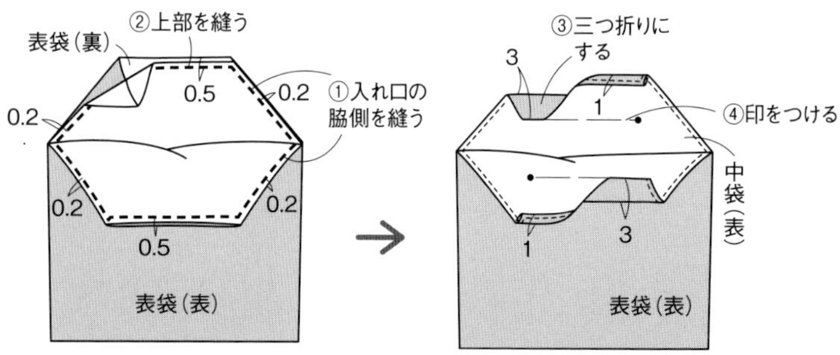

5.持ち手をつける

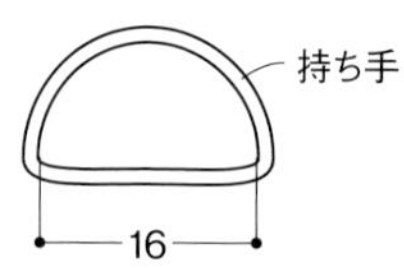

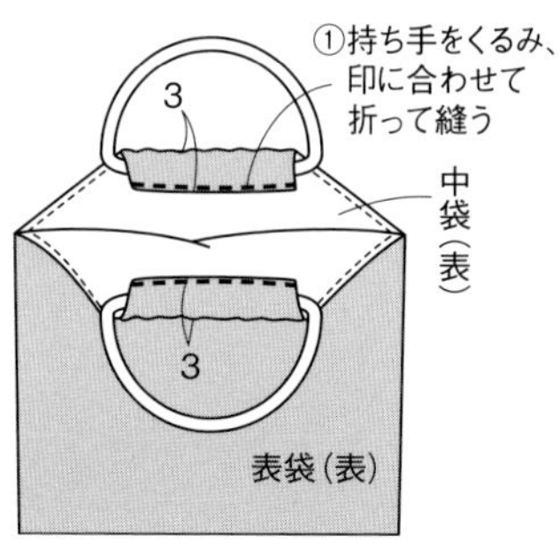

ななめ掛けバッグ

材料
着物の余り布
裏地
内径４cmのリング……２個

作り方
※端の処理はP33参照
1 肩ひも、リングひもを作る
2 ポケットを作り、表袋につける
3 表袋、中袋を作り、縫い合わせる

●出来あがり図

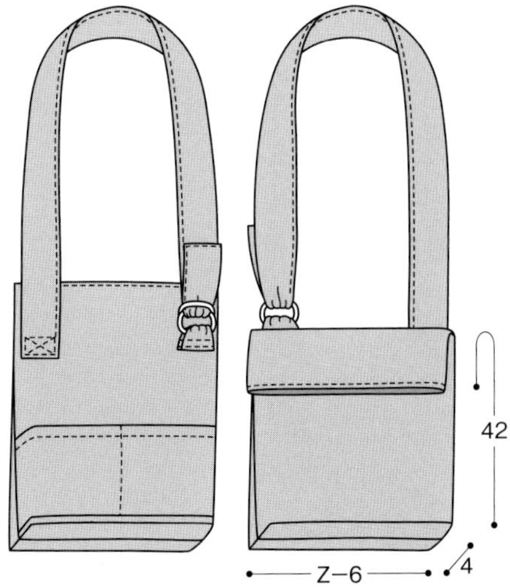

●製図 単位=cm Z=着物の布幅

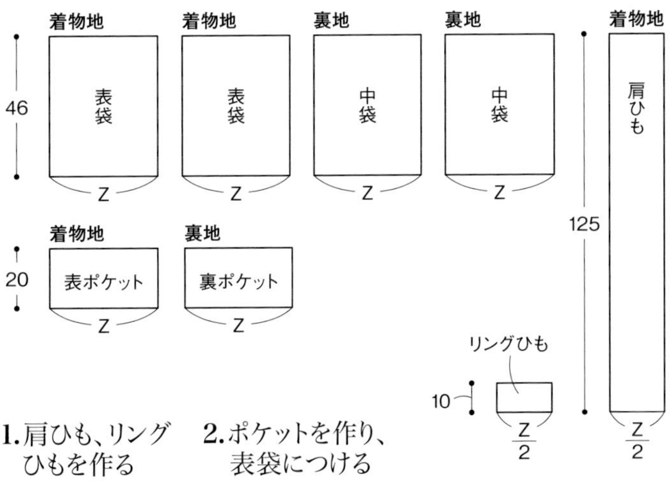

1. 肩ひも、リングひもを作る

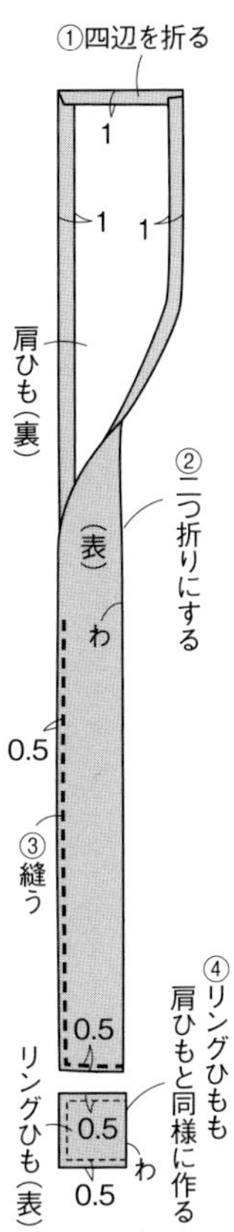

2. ポケットを作り、表袋につける

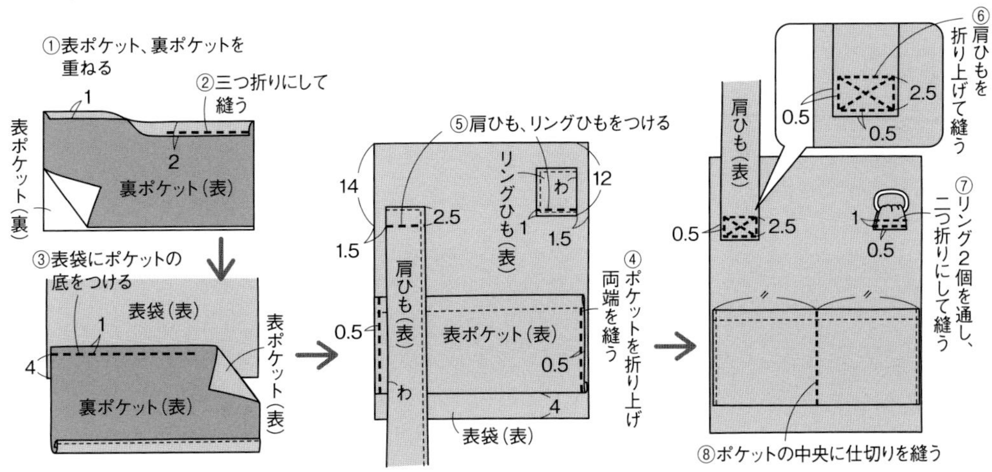

3. 表袋、中袋を作り、縫い合わせる

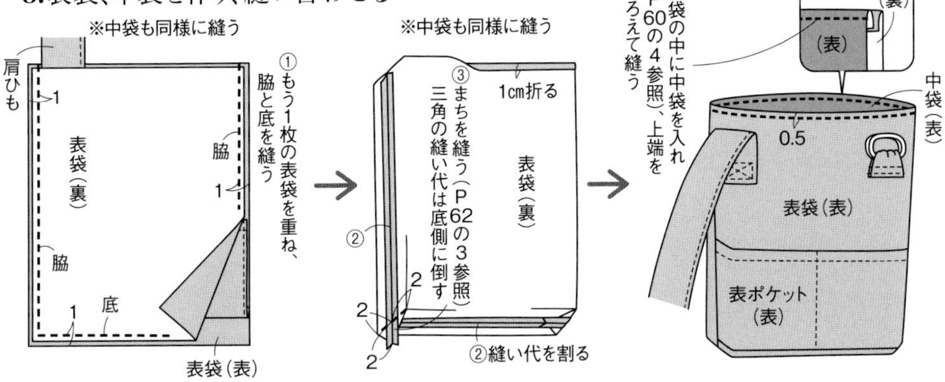

ショッピングバッグ

材料
着物の余り布
接着芯
0.5㎝幅のロープ……52㎝×2本

作り方
※端の処理はP33参照
1 内ポケットを作る
2 袋布の両脇を縫う
3 まちを作る
4 内ポケットと持ち手をつける

●製図　単位=cm　Z=着物の布幅

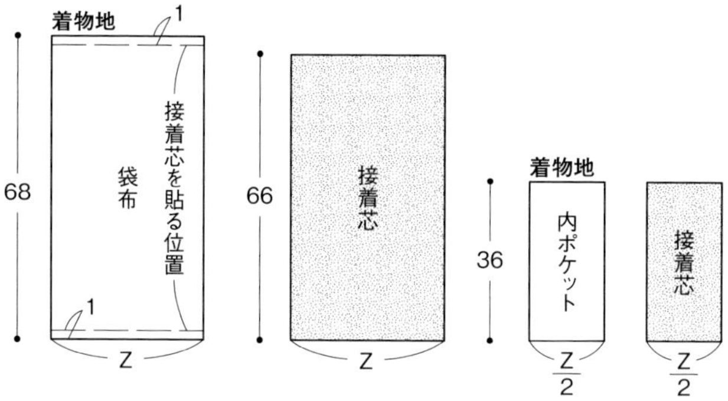

●出来あがり図

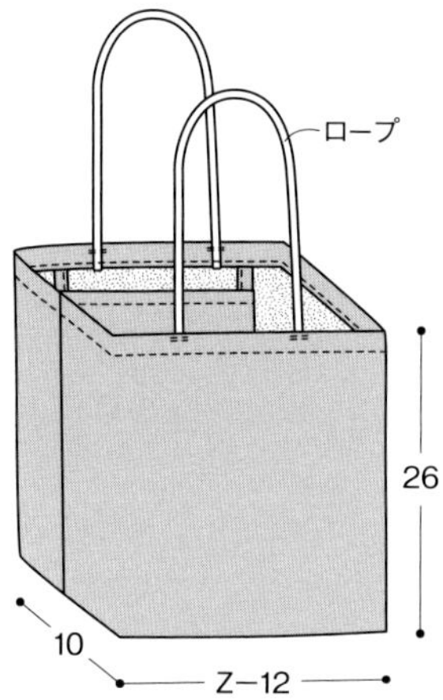

1.内ポケットを作る

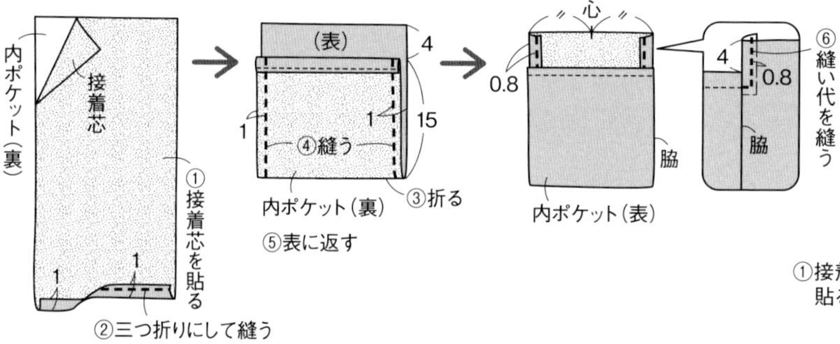

2.袋布の両脇を縫う

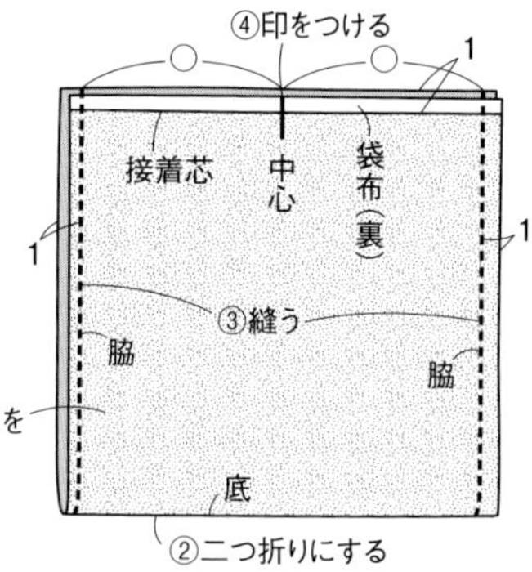

3.まちを作る

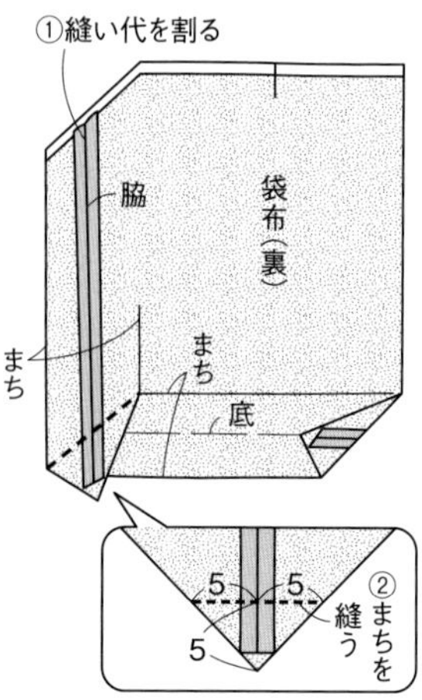

4.内ポケットと持ち手をつける

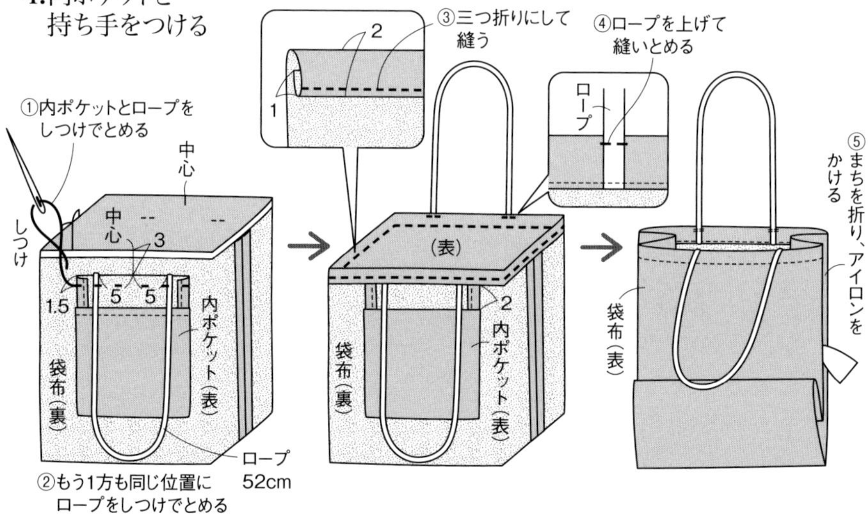

文庫カバー

Photo P30

材料

着物の余り布
接着芯
0.5㎝幅のひも
……25㎝×1本
0.5㎝幅のゴムテープ
……18㎝×1本
直径0.5㎝幅のひもが通る
とんぼ玉かビーズ……1個

作り方

※端の処理はP33参照

1 内側布にひもとゴムテープをつける
2 内側布に外側布をつける

●製図 単位=cm

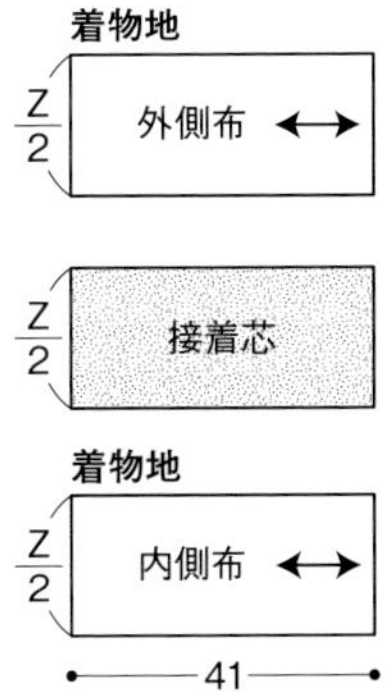

※ Z/2 =18㎝以上

●出来あがり図

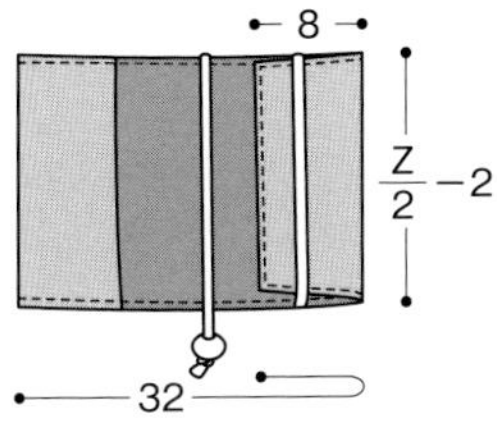

1.内側布にひもとゴムテープをつける

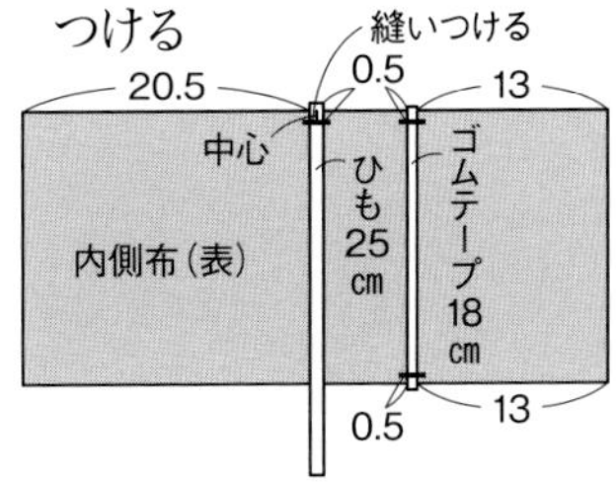

2.内側布に外側布をつける

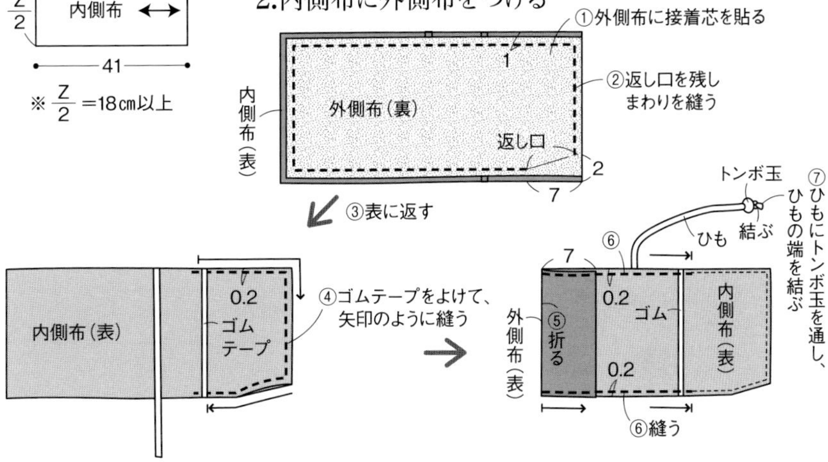

書類ケース

Photo P30

材料

着物の余り布
厚手の接着芯
直径2.5㎝のボタン
……2個
0.2㎝幅のひも
……30㎝×1本

作り方

※端の処理はP33参照
（接着芯は先に貼っておく）

1 袋布の口を縫い、両脇を縫う
2 まちを作る
3 ふたを縫う

●製図 単位=cm Z=着物の布幅

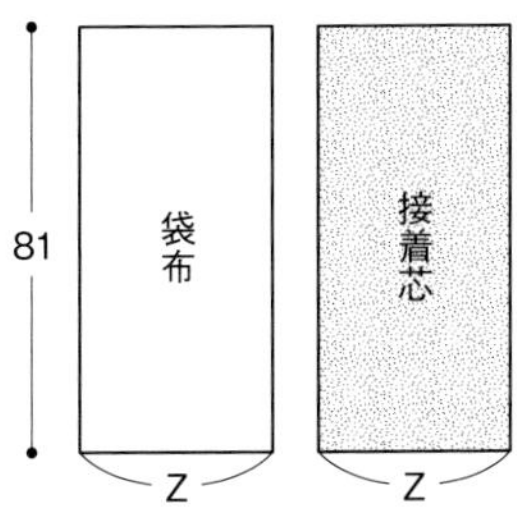

●出来あがり図

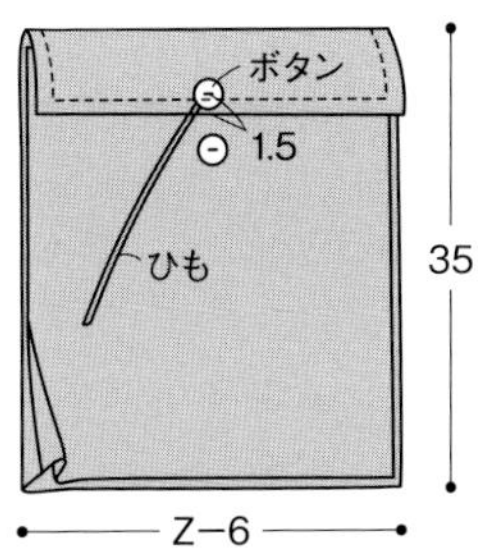

1.袋布の口を縫い、両脇を縫う

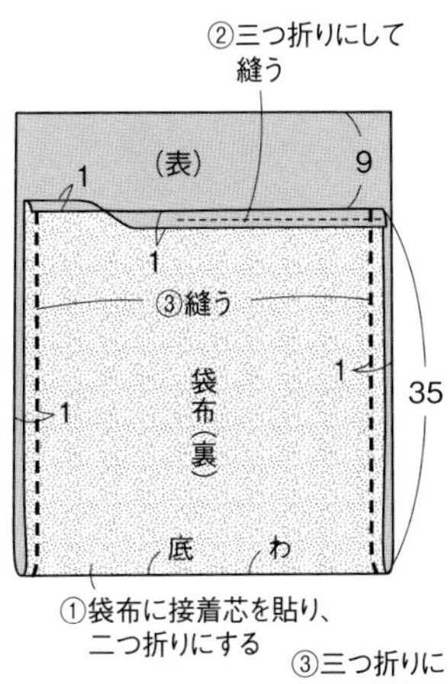

2.まちを作る

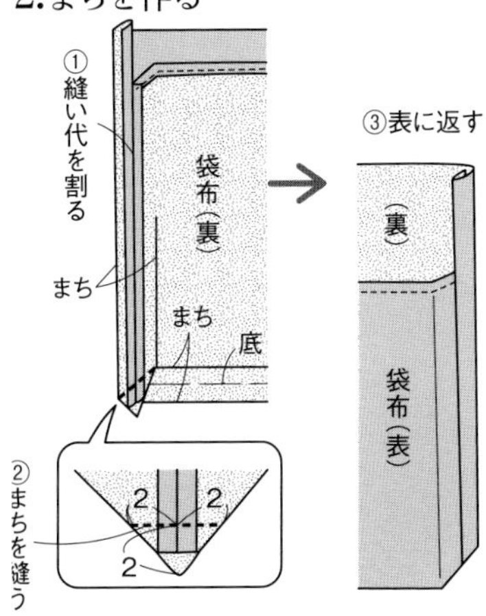

3.ふたを縫う

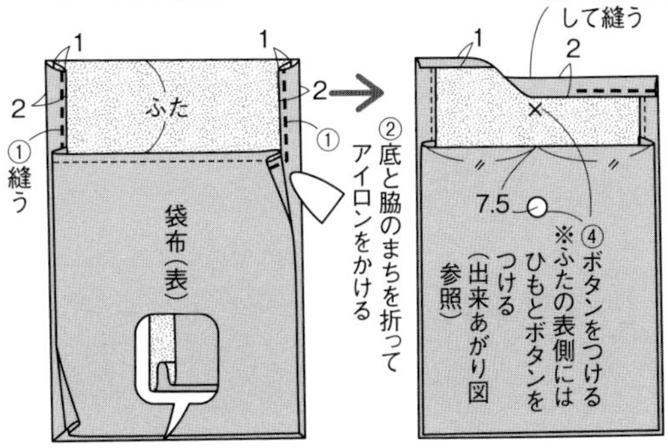

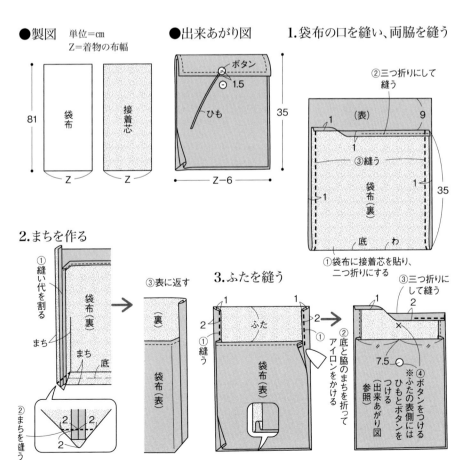

Profile

松下純子

Junko Matsushita
(Wrap Around R.)

神戸市出身、大阪府在住。文学部を卒業後、水着パタンナーとして就職。2005年にWrap Around R.(ラップアラウンドローブ)を立ち上げ「着物が持つ豊かな柄や素材を、今の暮らしにあったカタチにして提案したい」という思いから、着物の幅を生かした服作りをコンセプトに活動し評判に。現在、テレビや雑誌で活躍中。築90年の町家を再生したアトリエ兼ショールームでは、着物リメイク教室や「暮らしを、継ぐ。」をテーマにさまざまな展覧会、ワークショップを開催している。アトリエ名はRojiroom（ロジルーム)。著書に『型紙いらずの着物リメイク　チュニック&ワンピース』『型紙いらずの着物リメイクはおりもの』『型紙いらずの着物リメイク　1枚の着物でセットアップ』『型紙いらずの着物リメイク　1枚の着物で大人服&子ども服』(いずれも小社刊)など。

ホームページ「Wrap Around R.」http://w-a-robe.com/
教室の日程、着物に合うオリジナル割烹着の販売などはこちら。

Staff

ブックデザイン	釜内由紀江(GRID) 石川幸彦(GRID)
撮影	下村しのぶ(カナリアフォトスタジオ)
スタイリング	池水陽子
ヘアメーク	宮本佳和
モデル	伽奈
製図と作り方原稿	吉本由美子
編集協力	岡田範子
トレース	松尾容巳子(ファクトリー・ウォーター)
編集	斯波朝子(オフィスCuddle)

special thanks to　谷町の矢野夫妻

型紙いらずの
着物リメイク[ワードローブ]

2011年10月30日　初版発行
2021年6月20日　新装版初版印刷
2021年6月30日　新装版初版発行

著者　松下純子
発行者　小野寺優
発行所　株式会社河出書房新社
〒151-0051
東京都渋谷区千駄ヶ谷2-32-2
電話　03-3404-1201（営業）
03-3404-8611（編集）
https://www.kawade.co.jp/

印刷・製本　図書印刷株式会社
ISBN978-4-309-28893-2

Printed in Japan

●本書は小社刊行『型紙いらずの着物リメイク・ワードローブ』(2011年10月）を新装したものです。